비로소 나의 여정

세 계절의 런던 · 파리 여정 에세이

비로소 나의 여정

문여정
에세이

여정

Prologue | '작아지는 나'를 바라보다가 11

겨울. 서울, 고민의 시간
　시간부자 18
　먼 북소리, 첫 병가 23
　　～～ Amalfi Coast
　그런데 왜 하필 런던인가요 - 시작은 베네딕트 컴버배치 32

봄. 차갑고 화사한 봄날
　지난한 입국 심사의 시간 42
　Happy Monday 50
　고양이를 만지는 시간 53
　　～～ Blue Ragoon
　Pub: 커피 대신 맥주를 파는 Cafe 66
　잘못 든 길에서 만난 것 70
　　～～ River Avon
　위스키, 홀려 먹지 않아도 맛있는 79

어디에나 있는 사람 스트레스 1. - Hostel의 악몽 85

　　～～ River Ouse

Damien Rice, 그리고 5월 96

나를 좋아하는 것 100

　　～～ North Sea

기네스Guinness의 맛 113

더블린에서 자전거 로망을 119

날씨도 안 좋고 당장 바삐 해야 할 일도 없는데

그럼 얘기나 할까 - 더블린 사람들 125

　　～～ River Liffey

여름. 예상과 다르던 런던

I'm in London 142

숨통이 트이던 만남들과, 남자 같았던 회사 151

그러니까 좋아하는 남자라면 160

런던에서 만난 그, H 165

　　～～ River Thames

런던에서 요가를 - Battersea Yoga 180

영어가 정말 늘지 않을까 하던 기대에도 불구하고 186

British Accent에 다가가는 일 194

    〰 La Seine

어디에나 있는 사람 스트레스 2. - Flat에서 생긴 일 208

Pray for us 222

    〰 River Amstel

런던에 앞선, 나의 첫 로망지 Paris 234

Caelo Yoga - 그 여름, 요가에 집중했던 시간 242

    〰 Delftse Schie

가을. 다시, 나의 시간

파리 테라스 석 낭만의 이면 254

아, 불어 260

    〰 Donaukanal

런던, 파리의 부엌에서 270

이별의 순간, 곁에 있어준 파리 278

어디에나 있는 사람 스트레스 3. - Studio의 횡포 284

　〰 Salzach

프리랜서 라이터의 실상 299

사랑받는 데에 익숙하지 않은 305

사귀고 싶던 고양이, Mingo 310

　〰 Supree

그렇게 시작해서 이렇게 끝나는구나, Bath와 Berlin의 Spa 322

Epilogue |　앞으로의 여정 329

Prologue

작아지는 '나'를 바라보다가

이루 설명할 수 없는 마음이 될 때면 내 방 창문을 열었다. 이상함의 실체가 무엇인지조차 알지 못하던 어린 시절의 이야기다. 주위의 어른들은 행복해 보이지 않았고 그들의 행동은 때때로 나를 슬프게 했다. 책상에 앉아 창밖을 내다보면 한강이 있었다. 파란 강물을 물끄러미 바라보는 것. 그것이 내가 유일하게 그 시간을 견디는 방법이었다.

중학생 때 산이 보이는 곳으로 이사를 하게 된 뒤로 조금 더 퍽퍽한 시간이 흘렀다. 좋은 성적을 받으면 주변이 평화로워졌지만 고요한 독서실에서 듣는 '흐르는 강물처럼' OST에 가끔 멍한 기분이 들었다. 칸막이 사이에서 마음을 누르고 책장을 넘기는 동안 막연하나마 나는 알고 있었다. 이 길이 나를 행복하게 해줄 수는 없으리라고. 그 생각이 그림자처럼 곁에 머물렀다. 길어진 그림자를 데리고 강을 보러 가면 그림자는 강물을 응시하다가 가끔 내 쪽을 돌아보았다.

모든 시험을 마치고, 강 건너에 있는 회사에 다니게 되었을 때 매일같이 한강을 볼 수 있다는 사실이 마음에 들었다. 순진한 기쁨도 잠시, 나는 저만치 달이 넘어가거나 동이 트고 난 후에야 강을 되짚어 돌아올 수 있었다. 다리를 건너는 동안 힘없이 고개를 돌리면 강물은 말없이 나를 보고 있었다. 언제나처럼 그 자리에서. 해를 거듭할수록 작아지는 나의 모습을 강은 알고 있었다.

내가 밤낮없이 써야만 했던 글은 오래전부터 좋아하던 글과는 조금, 많이 달랐다. 용기도 실력도 부족해서 좋아하는 글은 그저 바라만 보는 거라고 마음을 달래기엔 몸이 먼저 반응했다. 매일같이 이어지는 마감에 조금씩 빨리 뛰던 심장은 쿵-하고 내려앉거나 잠시 멈추었고, 내가 지금 숨을 쉬지 않고 있다는 사실을 자각하고서야 숨을 들이마시는 시간이 반복되었다. 수면 부족과 만성 피로로 부은 얼굴을 윗분들은 언제나 흐뭇하게 바라봐 주었지만 연이은 밤샘을 위해 링거를 맞을 때, 아침 퇴근 후에 지운 선크림을 다시 바르고 나가는 때에. 나는 많은 것들을 월급과 맞바꾸고 있음을 실감했다.

'우리도 유럽처럼 네 시에 퇴근하기도 하잖아요, 새벽 네 시'라는 우스갯소리를 회사 후배와 주고 받으며 집에 돌아오면 잠시라도 책을 읽었다. 이대로 잠들면 다시 출근을 해야 하니까. 깨어있는 동안 내가 좋아하는 걸 하나라도 하고 싶었다. 정신 없이 이야기에 매료되어 동이 틀 무렵,

 나도 하고 싶은 이야기가 있는데-. 옆에 있던 그림자가 목소리를 냈다. 나는 따끔거리는 눈으로 거대해진 그림자를 쳐다보았다.

 그림자는 그 후로 회사 책상 위에 턱을 괴고, 모니터 위에 팔을 드리운 채 같은 문장을 중얼거렸다. 내가 쓰고 싶은 글은 이게 아닌데-. 그러다 급작스레 주어지는 업무 메일에 놀라고 불현듯 울리는 전화벨 소리에 긴장하는 나를 보며 그림자는 말이 트인 아이처럼 질문을 쏟아냈다. 그런데 너… 이렇게 살고 싶은 거였어? 정말 이것으로 괜찮아? 지금 네 모습이 마음에 들어? 크리넥스 한 장을 뽑아 숨죽여 흐느끼던 어느 날 나는 고개를 저으며 대답했다.

 이게 네 모든 질문에 대한 답이야-.

 그날 새벽 택시 안에서 이미 어긋나버린 것들을 한참 동안 바라보던 시린 눈은 슬며시 한밤의 강을 덮었다. 그 후로도 여러 차례 밤의 강을 지나치고서 나는 마지막으로 짐을 가득 실은 채 노을이 지는 강을 건넜다. 그림자는 아무런 말이 없이 잠잠했다.

자유로운 시간이 주어지자 1년에 한 번 있는 꿈같은 휴가에 쫓기듯 걸었던 그 강에 퍼뜨리고 앉아 넉넉히 물을 바라보고 싶었다. 일상처럼 그곳의 강을 지나고 천천히 강변을 거닐고 싶었다. 인상 쓰지 않고 재촉하지 않는 사람들 사이에서 찬찬히 숨을 쉬고 있으면, 다시금 생생한 낯빛 위로 일렁이는 눈동자가 떠오를 것 같았다. 그 기운으로 하고픈 이야기를 써 내려가고 싶었다. 이국의 향과 낯선 소리에 둘러싸여 글을 잇고 남는 시간은 좋아하는 것들로 채워 가보자고 생각했다.

2017년 봄, 여름, 가을을 그곳의 물가에서 보내는 동안 내 이름보다도 '일을 그만두고 글을 쓰고 있어'라는 말을 더 자주 하며 노트북을 들고 카페와 화장실 사이를 오갔다. 그토록 그리던 집밥을 원 없이 만들어 먹었고 틈만 나면 달큰한 과일과 향긋한 술을 장바구니에 담아 넣었다. 서울에서는 입을 수 없었던 요가복을 골라 팔다리가 긴 언니들 사이에서 요가를 하고 종종 아이스크림 값을 챙겨 공원으로 향했다. 하루를 잘 보내고 싶을 때면 카페가 딸린 미술관을 찾았고, 마음이 복잡한 날엔 수변을 걸었다. 매일같이 돌아다니던 그간의 여행과 달리 하는 것 없이 보내는 날도, 날이 좋으니 오늘은 하루 종일 집에 있어야겠다고 마음먹은 날도 있었다.

정기적으로 스트레스를 주는 사람은 없었지만 불시에 돌을 던지고 사라지는 자들이 나타났고 이따금 예기치 못한 삶동을 선사해주는 이들이 등장했다. 열 시까지 환하던 하늘은 어느덧 여덟 시 무렵이면 검푸른 색으로 변했고 수선화와 벚꽃으로 시작해 색색의 장미와 수국, 이름 모를 싱그러운 꽃으로 가득하던 거리에도 서서히 낙엽이 내려앉았다. 그 사이 하나의 만남과 이별이 계절처럼 스러졌다.

여행의 설렘과 아늑한 생활감, 이방인의 불안과 체류자의 타성 사이를 반복하는 동안 나는 내가 좋아하는 것들 곁에서 비로소 그림자의 질문에 미소 지을 수 있었다. 그리고,

템스강과 센 강을 마주하는 여정을 지날 즈음 그림자는 원래의 모습으로 돌아와 있었다.

겨울
～～～
서울, 고민의 시간

시간부자

하라는 공부를 따라 했더니 끝없이 공부를 해야 했다.
고시의 압박이 있는 전공은 부담스러웠지만
기대를 저버릴 자신이 없었고
대학은 고시를 끝낸 자와 넘어서지 못한 자로
사람을 나누고 있었다.

두꺼운 책보다 더 무거운 표정들 사이에서 갑갑해질 때면
누군가의 여행을 찾았다.
다른 이의 발자취에 손을 포개어 보고
주문 같은 동네 이름생 제르맹 데 프레을 입안에서 굴려보다가
그 길을 걷고 있을 나를 상상하면
머리 위로 툭탁툭탁 기차가 지나갔다.

하얗게 질린 얼굴로 마지막 시험을 치르고

마침내 떠난 여행에서 간간이
시험에 떨어지는 꿈을 꾸며 이층 침대 위에서 깨어났고.
학교에서 차가운 손끝으로 결과를 확인했을 때
다시 시험을 보지 않아도 된다는 안도감이
가장 먼저 밀려들었다.
아는 사람들의 이름이 올라가 있던 합격자 명단에
내 이름이 오르고 나니 20대의 절반이 지나 있었다.

한숨을 돌릴 틈도 없이 옮겨진 또 다른 경쟁의 틈바구니에서
식사 시간이 주어지지 않는 기나긴 시험을 치르고
멍하니 웃어 보이며 어렵사리 직장을 구했다.
이제야 끝났다는 깊은 안도와
더 이상 미정未定의 늪에 갇혀있지 않아도 된다는 해방감.
그 익숙한 기운 뒤로 앞으로 긴 여행은 하지 못하겠구나 -
말할 수 없는 서운함이 밀려왔다.

법정 휴일에 한참 못 미치는 5일의 휴가를 받고
주말과 공휴일, 명절까지 불쑥불쑥 침범 당하는 환경 속에서
4년이 넘는 시간을 보냈다.
어떻게 지나왔을까 싶은 그때를 얘기하면 모두
미간을 잔뜩 찌푸렸다.
야근은 당연한 일상이었고 정시퇴근은 선물 같은 일이었다.

10시쯤 집에 들어오면 정현김은
어머 너 오늘은 왜 이렇게 일찍 왔니 - 반색을 했고.
새벽 두세 시쯤, 퇴근이 많이 늦어지니 - 깜빡이던 카톡은
아침에 퇴근을 해도 더 이상 오지 않게 되었다.

맛있는 걸 먹고 시간을 쪼개어 여행을 가도
여유 시간이 얼마나 남아있는지,
줄어드는 숫자에 온 신경이 쏠렸다.
그 즈음 누적되어 오던 스트레스가 가시적으로 나타났다.
언제나 피로했고 자주 뒷골이 아팠다.
허리와 무릎이 좋지 않아서 저녁 운동을 하러 간다고 하면
상사들은 몇 번이고 무슨 운동을 왜 하러 가냐고 반문했고.
스트레스로 몸이 불어나면
체중을 관리하는 것도 업무의 하나라는 훈계가 돌아왔다.

후배들은 일을 하다가 성격이 나빠질 것 같다며
제가 원래 이런 사람은 아니었던 것 같은데 - 한숨을 쉬었고
앞서 버린 공감에 나는 위로 대신 무거운 얼굴을 더했다.
금요일 여섯 시 무렵, 공휴일 직전에 업무를 안기고
퇴근하는 이들을 아무리 마주해도
내 시간을 소중히 생각해주지 않는 그 무신경함에
끝끝내 아무렇지 않아질 수 없었다.

매달 21일이면 주어지는 월급으로
도저히 살 수 없는 것이 하나 있었다.
넉넉한 시간이었다.
돈으로 택시 요금이며 음식값, 택배비 같은
틈새의 시간은 살 수 있었지만
찬찬히 숨쉴 수 있는 여유로운 시간을 살 수는 없었다.

영어 학원에서 들은 'Bunch of time'이라는 걸
한 번 가져보고 싶었다.
매월 수입 없이 지출만 반복할지라도
시간부자가 되면 어떤 기분일까,
그 생각이 머릿속에서 떠나질 않았다.

한 아름의 시간을 가지고
어딘가에 진득이 머무르는 여행을 해보고 싶었다.
짐을 부려 놓고 마음을 내려둔 채
천천히 그곳의 골목길을 익히고 싶었다.
두 대의 모니터 너머로 끝없는 미지의 길목이 펼쳐졌다.
선연히 떠오르는 길 위에서 수도 없이 생각을 접었지만
조그맣게 높아지던 마음은 어느 순간
조금씩 흔들리기 시작했다.

계속된 야근으로 7주 동안 요가를 가지 못했던 어느 봄날,
나는 입사 때의 몸으로 회사를 나가겠다는 마음을 품었다.
곧 시간부자가 될 수 있다는 생각에
기이할 정도로 산뜻한 에너지가 돌았고
꼭 1년 후에 한층 맑아진 얼굴과 가벼워진 몸으로,
나는 시간부자가 되어 있었다.

먼 북소리, 첫 병가

─그런 마음을 품고도 퇴사를 결정하기는 결코 쉽지 않았다.

아침에 일어나는 일은 그다지 유쾌하지 않았다. 일을 마치고 방에 돌아오면 괜시리 밤의 끝자락을 붙들었다. '자고 일어나면 또 출근을 해야 하는데' 아쉬움을 안고 잠들었다가도 눈이 떠지면 기계적으로 준비를 하고 길을 나섰다. 연말의 어느 날도 그랬다. 다만 그날은 오랜만에 다시 기한부로 컴백한 맥도날드 애플파이가 먹고 싶었다. 평소 자주 이용하던 3번 출구가 아닌 1번 출구로 나와서, 들뜬 마음으로 '애플파이'를 이야기해 보았지만 당시의 인기로 품절 상태라는 답이 돌아왔다.

터덜터덜 발걸음을 돌려 회사로 향하던 중 '먼 북소리'의 구절이 적힌 Y의 SNS를 보게 되었다. 이틸리아에 있는 Y에게 무라카미 하루키의 '먼 북소리'를 추천한 지 몇 주가 지난 뒤였다. 저 멀리 둥둥둥둥 - 울리는 북소리와 함께 '먼 북소리'의 기운이 지친 발걸음에 휘감겨왔다. 퇴사를 마음 먹고서도 마지막 결단을 내리지 못하고 있던 시기였다. 흥분한 마음으로 공감의 댓글을 남기려는데 무언가 무릎 밑으로 툭 하고 걸렸다. 멀쩡한 인도에 뭐가 있겠냐는 마음으로 그 자리에 멈추어 서지 않은 게 화근이었다.

걷던 속도 그대로 앞으로 나아가려다 나는 그 무언가의 제지를 받고 무릎과 골반을 차례로 턱 턱 부딪쳤다. 그리고는 그것을 타고 넘어 앞으로 고꾸라졌다. 폰은 저만치 날아갔고 나는 망연자실하게 콘크리트 바닥에 주저앉아 있었다. 지나가던 몇 안 되는 사람들이 헉 하고 놀라더니 그중 누군가가 내 폰을 주워다 주고는 자리를 피했다. 잠시 황망히 앉아 폰의 화면을 켜보고 그 무언가가 대체 뭔가 싶어 고개를 돌렸다. 무릎 높이의 주차 방지용 돌 비석이 애매한 위치에 서 있었다. '먼 북소리'에 흥분한 채 폰을 바라보고 걷던 나는 그 단단한 돌 비석을 타고 넘었던 것이다. 무릎과 골반을 순차적으로 부딪치고서.

회사로 가는 내내 똑바로 걸어갈 수가 없었다. 골반과 무릎에 욱신거리는 통증이 느껴졌다. 아무리 자주 오가던 길이 아니라지만 그 돌덩이를 타고 넘다니 스스로도 어이가 없었다. 그러나 통증보다 여운이 길었던 것은 '먼 북소리'에 뛸 듯이 반응했던 당시의 기분이었다.

    그날 저녁은 회사 근처에서 일본어를 배우는 날이었다. 가볍고 산뜻한 맛으로 마음을 달래고자 광화문 근처에 있는 샐러드 집에 갔다가 버스를 타고 한참을 걸어 선생님 집으로 향했다. 그날 그 식당에 가지 않았다면, 아니 몸도 불편한데 그냥 택시를 타고 돌아왔다면 그 사달이 나지는 않았으려나. 나는 오래도록 그 순간을 수없이 되새기며 의미 없는 가정을 반복하게 된다.

    회사를 나온 후의 불안을 견딜 수 있을까ー. 답이 나오지 않는 생각을 반복하며 온전치 못한 몸으로 길을 걷던 중에, 경사지는 언덕에서 그만 발목이 훅 꺾이더니 또 다시 나는 길 위에 주저앉아 있었다. 그리고 분명 그 순간 뚝ー하는 소리를 들었다. 일어서지 못할 것 같은 느낌에 넘어진 자리에 한참 앉아있는데 "여기 차 나오니까 비켜요!" 짜증 섞인 목소리가 들려왔다. 왜 그러고 앉아있냐는 물음도 어디 아프냐는 염려도 없었다. 힘겹게 자리를 옮겨 다시 주저앉은 채로 전화를 걸었다. 놀라서 달려온 일본어 선생님과 휘리짱, 사려 깊은 후배들 덕분에 무사히 응급실에 갈 수 있었다.

    어떻게 넘어지신 거예요?

그냥 길을 걷다가 넘어졌어요.

그냥 걷다가요?

네…

응급실에선 자꾸만 허탈한 웃음이 났다. 발목은 퉁퉁 부어올랐고 정확한 진단을 위해서는 하루 이틀의 시간이 더 필요했다. 반 깁스를 하고 난 다음날 나는 처음으로 병가를 냈다. 평일 하루를 온종일 쉬어 보는 건 처음 있는 일이었다.

일어나서 한참이 지난 것 같은데 11시가 되었고 이제 저녁 무렵이겠지 했더니 4시였다. 오랜만에 처갓집 양념통닭을 시켜 먹고 기차가 나오는 드라마 '오리엔트 특급 살인사건'를 한 편 보고 글을 쓰고 책을 펴 드는 동안 시간은 느긋하게 흘러갔다. 쿠션 위에 다리를 올려놓고 쉬는 내내 다채로운 생각의 목덜미에 기대어 숨을 내쉴 수 있었다. 마치 커다란 창이 되어 그 안으로 바람과 온갖 소리가 들고 나는 기분이었다. 처음 느껴보는 그 산뜻함 속에서 나는 조용히 고개를 끄덕이지 않을 수 없었다. 이런 시간이 지금 내게 필요한 것이라고.

이후 8주간의 깁스 진단으로 연말과 연초를 그 어느 때보다 갑갑하게 보내야 했지만 그렇게 다치지 않았더라면 그래서 그날 잠시라도 차분히 흐르는 시간과 마주하지 않았더라면 계속 결단을 내리지 못했을 수도 있겠다는 생각을, 이후에도 가끔씩 하곤 했다. 어깨를 짓누르던 중압감에서 벗어나 잠시 동안 맛본 그 싱그러운 흐름이 결국 나를 물가로 이끈 것이라고.

테니스 공만하던 복숭아뼈의 붓기가 조금씩 빠지는 동안 커다란 창 안으로 드나들 이국의 언어와 내음에 대한 호기심은 점점 커져만 갔다. 깁스한 다리를 올려놓고 야근을 반복하던 새해 첫 달의 어느 날, 나는 오랫동안 자리하고 있던 내 안의 소리를 더 이상 무시하지 않기로 했다.

Amalfi Coast 〰 Positano *2 nights*

 반 년 먼저 이태리에서 장기 체류를 시작한 Y와 구불구불 경사진 절벽길을 차분히 운전해준 J언니 덕분에 지중해를 품어안은 이태리 남부의 바닷 마을, 포지타노에 도착할 수 있었다.

 푸른 해안선과 절벽에 켜켜이 자리한 예쁜 지붕들을 보면서도 여전히 포지타노에 와있다는 실감이 나지 않는 가운데 새삼 공기가 맛있다는 생각을 했다. 너무도 오랜만에 느껴보는 감각이었다. 잊고 있었지만 숨을 쉬는 것만으로도 기분이 좋아질 수 있었다.

 포지타노에서는 내내 시차에 시달린 덕분에 우연히 새벽의 소리를 들을 수 있었다. 새벽 네 시쯤 잠에서 깼을 때 창문 너머로 커다란 새 떼가 이동하는 소리가 들렸고, 끼끼끼끼- 하는 울음소리와 퍼덕이는 커다란 날갯짓이 창 가까이 지나가는 동안 나는 차마 창문을 열어 보지도 못한 채 신비함과 경외감에 휩싸여 있었다. 그 다음엔 수탉이 울었고 동이 틀 때쯤 새들이 높은 음으로 지저귀기 시작했다.

다음날 새벽 다섯 시에는 잠시 창문을 열어 보았다가 기다랗게 떠오른 달이 예뻐서 그대로 하늘이 붉어질 때까지 앉아 있었다. 달이 사라지고 섬 전체가 태양빛에 사로잡힐 때까지.

태양이 작열하는 지중해 바다에 걸터앉아 밀려오는 파도를 바라보는 일은 아무리 반복해도 질리지 않는 것이었다. 뜨거운 햇살을 이마 한 가득 받으면서 눈 앞의 바다를 보았다가 절벽 위에 층층이 포개진 집들을 보면서. 여전히 답을 내릴 수 없는 상념을 저만치 밀어두고 그저 지금 이곳에 있을 수 있어서 참 다행이라는 생각을 되풀이했다. 상콤한 레몬맥주와 알싸한 리몬첼로를 곁에 두고서.

~~~ 수변, 첫 번째

그런데 왜 하필 런던인가요
- 시작은 베네딕트 컴버배치

 퇴사 전 한 달은 계속 회사 사람들하고의 약속으로 채워졌다. 우리 팀 막내와 저녁을 먹기로 한 날, 금방 먹고 들어오겠지 하던 예상과 달리 오랫동안 이런저런 이야기가 오갔다. 아마도 런던에서 가장 오랜 시간을 보낼 예정이라는 내 말에 그녀가 던진 질문이 시발점이 되었던 것 같다.
 "그런데 왜 하필 런던인가요? 다른 여러 곳들 중에?"

 생각해보면 런던에서 보낸 여름휴가는 온갖 변수가 난무하는 시간이었다. 그럼에도 런던을 떠나오자 이상할 정도로 그곳이 그리웠다. 구름이 가득한 날이면 런던의 하늘을 떠올리며 '하늘만 런던이네' 중얼거렸고, 쌀쌀한 바람이 부는 가을날에는 우유를 부어 넣은 따듯한 홍차를 생각했다.
 휴가를 다녀오기 전까지는 딱히 런던에 어떤 감흥을 가

지고 있지 않았다. 악명 높은 입국 심사도 마음에 안 들었고 콧대 높은 이미지의 브리티시 악센트도 별로였다. 그 결과 2010년에 유럽 배낭여행 계획을 짜는 순간에도 영국은 아쉬움 없이 제외되고 말았다. 어떻게 보면 이 모든 건 BBC '셜록', 그러니까 배우 베네딕트 컴버배치Benedict Cumberbatch로부터 시작된 이야기이다.

 첫 휴가지에서 돌아오는 비행기 안에 마침 BBC '셜록'이 들어있었다. 아 이게 그 '셜록'이구나 하면서 재생버튼을 누른 이후 그에게 SHERLOCKED 되기도 했지만 무엇보다 오프닝에 흘러나오는 템스강변의 런던 아이와 타워 브리지를 보는 순간 문득 런던에 가고 싶다는 생각이 들었다.
 때마침 2015년 여름부터 가을까지 베네딕트가 연극 '햄릿'에 출연할 예정이라는 기사가 나오기 시작했다. 그때부터 그를 보러 가고 싶다는 열망으로 Barbican Centre 홈페이지를 확인했다. 뉴욕에서 돌아온 다음날 티켓 예매가 시작되었고 시차로 깨지는 머리를 부여잡고 클릭한 결과 운 좋게 공연을 예매할 수 있었다. 그리고 1년 동안 회사 서랍에 넣어둔 바우처를 들여다보며 머지않아 그를 볼 수 있다는 생각으로 하루하루를 버텼다.

 1년 후, 드디어 런던으로 향하는 영국 항공British Airways 비행기 안에서 나는 의외의 사물에 마음을 빼앗기게 되었는데, 영국 항공 비행기에는 어디에나 있는 창문 덮개가 없었다. 대신 창문 아래에 창문의 명도를 조절하는 동그란 버튼이 있었다. 강제 수면 시간에는 당연히 '창문 덮개를 내리는 것'으로 알고 있던 내게 새파랗게 어두워진 창문은 은은한 어항 속에 있는 것마냥 근사하게 다가왔다. 일렁이는 푸른 빛 너머로 몽글몽글 휘감긴 구름이 끊임없이 흘러갔고, '창문을 닫아주세요!'라는 외침 없이, 타인의 수면을 방해하지 않는 선에서 아름다운 풍경을 곁에 둘 수 있다는 작은 차이는 큰 울림으로 남았다.

막상 고대하던 런던 여행에서는 첫날밤부터 정전이 시작되었고-다다음 날 체크아웃을 하는 순간까지 전기는 들어오지 않았다-곧이어 Tube Strike에 대한 예고 메일이 '해리 포터' 속 호울러처럼 날아왔다. 예정된 날은 하필 베네딕트를 보러 가는 날이었고 그전에 나는 쇼디치에서 켄싱턴으로 숙소를 이동해야 했다. 쇼디치에서 켄싱턴까지, 그리고 다시 켄싱턴에서 공연장인 바비칸 센터까지의 구간은 각각 30분 정도면 닿을 수 있는 거리였지만 튜브 파업일에는 모두 2시간 가까이 소요되는 대단한 구간이 되었다. 지하철 파업을 겪어본 적이 없는 1인으로서는 이게 뭐 그리 대단한 일이라고 이메일로 안내까지 해주는 건가, 그 친절함에 감탄했지만 정류장마다 버스를 기다리는 한 무더기의 사람들과 모두가 예민해진 만원 버스의 분위기를 실감하고 보니 과연 이보다 더 큰 일은 없지 싶었다.

그럼에도 그 불편했던 정전과 튜브 파업은 런던의 진면목을 마주하는 계기가 되었다. 시차로 잠에서 깬 3시 반 즈음에 침대맡 스탠드가 켜지지 않았을 때는 황당함과 무서움이 엄습했지만 어둠을 달래려 틀어놓은 음악이 되려 몸 안으로 스며들었다. 노래를 켜면 잠이 잘 들지 않아서 서울에서는 자기 전에 노래를 틀지 않은 지 오래였다. 깜깜한 방 안에서 노래는 그림자를 드리웠고 나는 그 옆에 누워 머리를 비웠다. She & Him의 'London'이 자작자작 흐를 때 문득 론이 딜루미네이터-'해리 포터'에 나오는 모든 불빛을 흡수하여 조명을 끄는 장치-를 사용한 건지도 모르겠다는 생각이 들었고 나는 한결 가벼워진 기분으로 눈을 감았다. 다음날 컴컴한 화장실에서 머리를 감는 건 조금 무서웠지만.

그리고 파업 당일, 버스에서 히터가 나오기도 하는 서늘한 8월에 사람으로 가득 찬 버스 안은 금세 찜통이 되었다. 정류장마다 사람들이 우르르 몰리고 등허리에 주르륵 땀이 흐르는 가운데 자리에 앉기는 틀렸구나 생각했을 때, 마침 자리가 났고 그 옆에 서있던 여자분은 나와 동생에게 어서 앉으라는 눈짓을 보냈다. "진짜 정신 없지? 얼른 여기 앉아." 예상치 못한 그녀의 배려에 우리는 감동했고 이 난리통에도 따뜻할 수 있는 마음이 오래도록 가슴에 남았다. 몇몇 버스 기사는 평소보다 배차 수가 늘어도 역부족인 상황 속에서 요금을 받지 않은 채 여유로운 미소로 어서 타라는 손짓을 건네기도 했다.

사람들은 분명 예민해져 있었지만 그러면서도 묵묵히 파업을 받아들이고 있었다. 인간적인 몸짓과 여유를 잃지 않고서. 같은 상황이었다면 우리는 어땠을까 하는 생각에 이르자 대혼란 없이 지나간 그날이 새삼 놀라움으로 다가왔다. 튜브 파업일이면 그냥 늦게까지 놀다가 파업이 풀릴 즈음에 집에 들어가는 게 제일이지 – 라는 'WALK UNDER CURRENTS'지의 인터뷰 내용처럼 그들에게선 낯선 여유가 느껴졌다.

런던에서 살아보고 싶다는 마음을 본격적으로 부추긴 마지막 계기는 V&A Victoria and Albert Museum였다. 마침 V&A에서는 런던에 도착한 다음날까지 영국의 참신한 디자이너 'Alexander McQueen'의 전시가 열리고 있었다. 전시 마지막 날 12시가 되기 전에 V&A를 찾아갔지만 티켓은 이미 매진 상태였고. 난감해하는 나에게 할아버지 직원이 도와줄까 하며 다가와서는 티켓은 매진이지만 뮤지엄 멤버쉽에 가입하면 지금 바로 전시를 볼 수 있다는 귀신 같은 말을 흘리고 사라졌다. 한번 잘 생각해보라며.

자본주의가 태동한 곳은 역시 다르네 싶어 처음에는 전시 하나 때문에 굳이 저 유혹에 빠지지 않으리라 생각했지만 곳곳에 늘어선 맥퀸 전시 포스터와 꼼꼼히 가입 신청서를 작성하고 있는 사람들을 보고 있으려니 슬금슬금 마음이 동했다. 멤버쉽은 나 같은 일회성 여행객에게는 코 베어가는 상술에 불과했지만 장기 체류자 입장에서는 1년간 모든 전시가 무료인데다 뮤지엄 카페와 기프트 숍에서의 할인 혜택이 주어지는 생각보다 괜찮은 제도였다. 그날 맥퀸 전과 'Shoes'에 관한 전시를 하나 더 보고 카페와 숍에서 할인을 받은 것만으로는 당연히 본전을 건질 수 없었지만, 호갱님이 받아온 종이 카드 한 장의 여운은 이상하리만치 길었다.

런던에서 돌아와 한창 야근을 하고 있던 밤에 정현김에게서 '너한테 유럽에서 이상한 소포가 왔어'라는 반가운 카톡이 왔다. 새벽 3시가 넘어 마주한 Royal Mail 안에는 V&A 책자와 예쁘게 코팅된 푸른색 멤버쉽 카드 한 장이 들어있었다. 앞으로 두 번 더 책자를 보내주겠다는 예고대로 그 후로도 몇 번 더 로얄 메일이 날아왔고 하필 V&A의 소포를 뜯는 순간은 매번 야근에 지친 새벽 서너 시였다.

푸른색 카드를 가방 속에 넣고 회사를 오가는 동안 나는 V&A에서 느긋이 전시를 보고 스콘이 맛있는 그곳의 카페에 앉아 글을 쓰는 모습을 자주 싱싱했다. 그 마음을 부추기듯

거의 매주 V&A의 전시 소식과 멤버쉽 특전을 알리는 이메일이 도착했다. 몇 달만이라도 런던에서 살아보면 어떨까. 업무에 지칠 때마다 나는 가만히 카드를 들여다보며 체류를 꿈꿨다. V&A 호갱님으로서의 혜택을 유유자적 누리는 일상을.

면접 단골 질문인 이 일을 왜 하고 싶은지, 왜 이 회사에 들어오고 싶은지 - 에 대해서는 아무리 고민해도 비루한 답변밖에 준비할 수 없었지만 런던 체류를 두고는 나름의 단단한 이유가 자꾸만 떠올랐다. 고민 끝에 런던에서의 체류일을 3개월로 잡고, 3월 말부터 5월 초까지는 런던 외의 지역을 돌아다닌 후 런던에 머무는 것으로 쉐줄Schedule의 영국식 발음을 잡았다.

E-book 리더기에 꼼꼼히 담아 넣은 '셜록 홈즈' 전집과 이미 기한이 지난 푸른색 카드를 갖고서 드디어 히스로 공항 밖으로 나오자, 런던 하늘엔 여전한 구름이 가득 포개어져 있었고 이따금 옷깃을 파고드는 으슬으슬한 바람이 불어왔다.

봄
~~~~~

차갑고 화사한 봄날

지난한 입국 심사의 시간

1. 인천-런던

 2010년, 24일간의 유럽여행을 앞두고 '유랑'을 뒤지던 중 무시무시한 영국 입국 심사 후기가 여럿 올라와 있는 걸 발견했다. 당시에는 굳이 런던에 들르고 싶은 마음이 없었기에 프랑크푸르트 인 파리 아웃으로 루트를 정하고 도버 해협을 건너지 않았다.
 2015년 여름휴가 때는 처음으로 영국의 입국 심사를 앞두고 귀국 편 전자 항공권이며 호텔 바우처까지 손에 쥐고 있었다. 당시는 만국의 바캉스 기간에 단기간 머무르는 일정이었으므로 이런저런 신상에 대한 질문 끝에 간단히 체류허가 도장을 받을 수 있었다.
 "근데 손에 들고 있는 건 뭐야?"
 "비행기랑 호텔 바우처인데 혹시 필요할까 싶어서."

"아니 굳이 뭐, 됐어."

이런 대화가 오가기도 했다.

약 4개월간의 장기간 체류를 앞두고 걱정이 되어 다시 '유랑'을 뒤져보니 'Airbnb' 숙소를 언급하면 상당히 곤란한 질문 세례를 받게 될 거라는 글이 올라와 있었다. 3월에 입국해서 4개월 가까이 에어비앤비를 이용할 예정인 나에게 과연 어떤 입국 심사가 기다리고 있을지 생각하면 마음이 무거웠다. 당장 내가 그들에게 보여줄 수 있는 건 4개월 후 파리로 떠나는 유로스타 바우처, 7개월 후 한국으로 돌아가는 비행기 전자 항공권, 도착한 날 단 하루를 묵을 런던 호텔 바우처가 전부였다. 부디 동양 여자에게 제일 까다롭다는 백인 여자 심사관만 걸리지 않기를 바라며 콩닥콩닥 순서를 기다렸다.

괜한 걱정 때문인지 하필 까다로워 보이는 금발의 여자 심사관 앞에 서게 되었다. 처음부터 무척 사무적인 표정이었던 그녀는 내 체류 기간을 들은 후부터 한층 더 심각해진 얼굴로 이런저런 질문을 쏟아 냈다.

"런던에서 하루 있다가 그 다음에는 어디로 갑니까?"

"바스, 요크, 에든버러, 더블린에 갔다가 다시 돌아와서 3개월 정도 지낼 예정이에요."

"그럼 총 4개월 동안 지낼 숙소는 정했나요? 바우처를 좀

볼까요?"

"음, 아직 정해둔 숙소는 없지만 지내면서 차차 예약할 생각입니다. 그래도 여기 8월 초에 파리로 떠나는 유로스타 바우처랑 한국으로 돌아가는 비행기 티켓이 있는데…"

이 시점에서 그녀는 안경을 한 번 벗었다 다시 쓰며 줄곧 혼자 여행을 하는 건지, 영국에 아는 사람은 하나도 없는지, 그런 상황에서 숙소도 안 정하고 혼자 돌아다니는 게 얼마나 위험할 수 있는지에 대한 우려를 차례차례 늘어놓았다.

그런 와중에도 나는 에어비앤비를 거론한 순간 심층 조사가 시작되었다는 글을 떠올리며 애써 거짓말을 이어갔다. 바캉스 시즌도 아닌데다가 아직 시간 여유가 있으니까 인포메이션 센터 등을 이용하면 금방 묵을 곳을 구할 수 있으리라 생각한다고. 그러자 그녀는 의심 가득한 표정으로 내 신상에 대한 질문을 하기 시작했다. 원래 직업은 뭔지, 어떻게 이렇게 길게 쉴 수 있는지, 쉬고 나서 한국에 돌아가면 다시 원래의 회사에서 계속 일할 수 있는 건지.

나의 목적은 어떻게든 그녀를 안심시키고 6개월 무비자 체류허가 도장을 받아내는 데 있었으므로 잠시 휴직을 한 것일 뿐 퇴사를 한 것이 아니고, 다시 돌아가도 계속 일할 예정이라는 거짓말을 보탰다. 그녀는 내 예전 명함을 받아 들고 내 인적 사항을 어디엔가 메모한 후에야 여전히 미심쩍은 얼굴로 체류허가 도장을 찍어 주었다. 온몸에 기운이 쭉 빠지는 순간이었다.

터덜터덜 짐을 찾고 공항을 빠져 나오는 동안 나는 부디 저 여자가 회사에 전화해서 내가 한 거짓말을 확인하지 않기를 바랐다. 트렁크를 힘겹게 들어올려 기차에 오르고 나니, 그녀가 했던 질문이 하나하나 떠오르며 아픈 곳을 찔렀다. 그러게… 이렇게 오래 쉰 다음에 다시 돌아갈 곳도 없으면서. 나는 왜 이렇게 온갖 의심을 받으며 저 무거운 짐을 끌고 아는 사람 하나 없는 곳으로 날아온 걸까.

착잡한 마음에도 불구하고 오랜만의 런던 하늘에는 그토록 그리워했던 커다란 구름이 가득했다. 둥실거리는 회색빛 구름을 다시 볼 수 있는 건 무척 다행이었기에. 의심 없이 흘러가는 구름 아래에서 나는 비로소 깊은 숨을 내쉬었다.

2. 더블린-런던

장기간의 체류 동안 다시는 런던의 입국 심사대를 통과할 일이 없기를 바랐지만 아일랜드에서 마시는 기네스 맥주의 맛이 너무 궁금해서 더블린으로 넘어가지 않을 수 없었다. 그나마 더블린에서 런던으로 들어오는 경우에는 까디로운 입국 심사 없이 들어올 수 있다는 '지식인'의 글이 조금 위안이 되었다.

더블린 일정을 마치고 다시 런던으로 들어오는 길, 먼젓번의 그 무시무시한 입국 심사대가 아닌 별도의 작은 심사대로 향하는 통로가 이어졌다. 아이고 어서오세요 - 하는 느낌으로 여권을 제대로 살피지도 않은 채 승객들을 들여보내는 분위기에 정말 '지식인' 말대로구나 안심하려는 찰나. 너는 잠시 가운데 줄 뒤에 서서 기다리라는 지시가 있었다. 아무리 같은 비솅겐국가인 더블린에서 들어왔어도 나는 얼굴이 그저 외국인이라 안 되는구나 - 피어오르는 걱정과 함께 요전번의 지난했던 심사가 겹쳐졌다.

다행히 이번에는 숙소를 꼬치꼬치 캐묻지 않았다. 대신에 원래의 직업과, 다시 돌아갈 곳이 있는지, 장기간의 휴가는 무급 휴가인지에 대한 질문이 이어졌다. 나는 저번보다 능숙하게 그들이 원하는 답을 해주었고 남자 심사관은 뭐 대충 알겠다는 표정으로 나를 들여보내 주었다. 지난번보다는 확실히 수월한 처사였다.

그러나 나조차도 아직 알 수 없는 미래의 일들에 대해 지금 당장 답을 내놓으라는 그들의 심란한 표정은 꼭 내 앞날에 대한 심란함처럼 느껴져서, 나는 그 얼굴들을 쉬이 잊지 못했고. 세 계절을 지내는 동안 그들의 잔상은 가끔씩 의외의 상황에서 불쑥 떠올라 나를 정면에서 바라보곤 했다.

3. 파리-런던

이번 여정에서 더 이상의 심각한 입국 심사는 없으리라고 생각했는데 마지막으로 한 번 더 영국의 빡빡한 입국 심사를 거칠 일이 있었다. 영국 체류를 마치고 건너간 파리에서 다시 유로스타를 타고 런던으로 가는 날이었다. H와 헤어지기 전에 끊어둔 티켓이었지만 고스란히 티켓값을 버리느니 집으로 돌아가기 전에 런던의 가을을 보고 싶었다. 그 사이에 리모델링을 마쳤다는 V&A 라운지 룸의 모습도.

이번 체류 기간은 열흘 정도였고 유로스타 입국 심사는 히스로 공항에 비해 상대적으로 덜 깐깐하다는 소문을 들은 터라 가벼운 마음으로 여권을 내밀었다. 그런데 같은 해 3월 28일자로 찍힌 입국 도장 페이지가 펼쳐진 후 영국에 4개월 이상 체류했다는 사실이 드러나자 나는 다시 심각한 얼굴을 마주해야 했다. 4개월이라고 해봤자 무비자 체류허가 기간인 6개월 내였고 열흘 뒤 다시 파리로 돌아갈 유로스타 티켓이 있으니 문제될 것이 없다고 생각했지만 그의 표정은 순식간에 나를 수상한 아시아인으로 만들었다.

    기차 출발시간이 점점 다가와 그에게 어떻게든 저 기차를 타야 한다고 사정해보았지만 심사관은 눈 하나 까딱하지 않은 채 "네가 애초에 늦게 온 거야." 읊조리며 질문을 이었다. 한국으로 돌아가는 비행기 티켓과 파리로 다시 돌아올 유로스타 티켓을 보여달라고 한 다음에도 처음에 입국할 때 얼마 동안 있을 거라고 얘기하고 허가를 받았는지, 여행 기간 동안 어떻게 경비를 마련하고 있는지 한참을 더 묻고 난 후에야 그는 'Good Luck'이라며 도장을 찍어주었다.

    이미 기차는 떠난 뒤였고 나는 한 시간을 기다려 다음 기차를 탈 수밖에 없었다. 다행히 런던과 달리 파리에서는 추가 비용 없이 다음 기차표를 끊어주었지만 북역Gare du Nord 벤치에 앉아 멍하니 시간을 때우는 동안 나의 처지를 다시금 면전에서 확인한 것 같은 기분이 들었다. 나는 그저 환영 받지 못하는 이방인이었다.

    그토록 꿈꾸던 장기 체류는 어디서든 의혹의 눈초리를 달고 다니는 잠정적 불법 체류에 지나지 않았고, 불법 체류를 할 생각도 배포도 없다는 사실을 증명하는 건 거의 불가능에 가까웠다. 여행자의 기운 위로 이방인의 더께가 쌓이던 여정 막바지에 다시 철저한 소외감이 더해졌고 이제 돌아갈 때가 된 것일까 나는 잠시 생각에 잠겼다.

2시간 후 기차는 세인트 판크라스St. Pancras 역에 도착했다. 순식간에 달라진, 너무도 익숙한 풍경 위로 가을이 내리고 있었다. 벽돌색 건물과 사람이 가득한 코벤트 가든Covent Garden에서 나는 당분간 다시 보지 못할 오랜만의 런던을 하염없이 눈에 담았다.

 ~~~ 2019년 5월부터 만 18세 이상 대한민국 전자여권 소지자는 런던 히스로와 개트윅 공항, 유로스타 역 등에서 인터뷰 없이 입국할 수 있는 '자동입국 심사제도'를 이용할 수 있게 되었다.

Happy Monday

 일하던 때에 주말은 언제나 바쁘게 지나갔다. 일요일 오후 5시 무렵이면 괜스레 마음이 무겁고 초조해졌다. 부글부글 복작거리는 마음은 해가 지고 밤이 깊어 갈수록 체념으로 번졌다. 침대에 누워 다가오는 파도를 맞듯 그렇게 눈을 감았고 머릿속으로는 내일 가서 해야 할 일들을 뒤적였다. 월요병을 퇴치하기 위해서는 주말 근무를 하면 된다는 뉴스는 수많은 이들의 공분을 샀지만 한편으로 아주 틀린 말은 아니었다. 미리 가서 월요일에 해야 하는 일을 해두면 불안이 조금 가라앉는 듯했다. 그것은 어쩌면 월요일 출근을 하루 앞당기는 것에 불과했는지도 모르겠지만.

 눈을 뜨면 월요일이 당도해 있었고 관성에 이끌려 아무렇지 않게 한 주를 시작했다. 월요일은 쉬고 있던 몸을 다시 회사의 사이클에 끼우는 날이었다. 회사의 책상과 의자에 몸을 맞추는 데는 시간이 필요했다. 누군가 월요일은 버리는 날이라 했고 여기저기서 월요병 이야기가 들려왔다. 찌뿌둥한 월요일이 지나고 나면 어느덧 한 주의 안쪽으로 깊숙이 들어와 있었고 뒤이어 막막한 화수목금이 차례차례 고개를 내밀었다.

금요일에 마지막 근무를 하고, 토요일에 모든 짐을 빼고. 일요일에 떠난 제주도 여행에서. 넓은 하늘을 원 없이 눈에 담고 저녁을 먹고 돌아오는 길에 뭔가 이상한 기분이 들었다.
낯선 고요함이었다.
시간은 일요일 밤 열 시를 향해 흐르고 있었고, 내 마음은 처음으로 미동도 없이 편안했다. 그 이후로 나는 계속 평온한 일요일 밤을 맞았고 서서히 평일과 주말의 구분선이 흐려져 갔다. 나를 둘러싸고 있는 시간이 조금씩, 확연히 변하고 있었다.

일요일과 별반 다를 바 없어진 월요일은 영국에 온 후로 조금 더 특별해졌다. 바스Bath의 스파 앞을 돌아다니다가 발견한 작은 영화관 'Little Theatre'에서 영화를 보기로 한 날이었다. 요금표를 보니 화-금 5시 전까지의 일반 요금과 평일 5시 이후 및 주말에 해당하는 Peak 요금이 있었고, 조조할인이 없는 대신 가장 저렴한 월요일 할인이 있었다. 아쉽게도 바스 여정에 월요일은 들어있지 않았고 그때는 월요일 할인이

'Little Theatre'에만 있는 제도이려니 생각했다.

며칠 뒤 요크York에서 또 하나의 작은 영화관을 찾았다. 구글에 theatre나 cinema로 검색을 해도 잘 나오지 않길래 결국 집주인 아주머니한테 물어보니 이곳의 영화관 이름은 'City Screen'이라고 했다. 우즈 강 옆에 위치한 예쁜 영화관에도 바스와 꼭 같은 요금표가 붙어있었다. 화장실에 들어가 문을 닫으니 '사운드 오브 뮤직'의 줄리 앤드류스가 들판 위에서 두 팔을 벌리고 'Happy Mondays!'라고 외치고 있었다. 해피 먼데이라니 피식 웃음이 나왔다.

그 후로 영국에서 월요일은 영화를 보러 가는 날이 되었다. 보고픈 영화가 있으면 월요일 시간표를 확인하고 3파운드를 덜었다. 그것만으로 조금 Happy한 기분이 들었지만 무엇보다 차와 사람이 붐비는 주말을 지나 한적한 거리와 텅 빈 2층 버스를 마주할 때면 다시 찾아온 월요일이 반갑게만 느껴졌다. 그렇게 월요일은 기다려지는 날이 되었고 일요일 밤이면 나는 자리에 누워 가뿐하게 눈을 감았다.

처음으로, 행복한 월요일들이었다.

고양이를 만지는 시간

굳이 고르라면 고양이보다는 강아지 쪽이었지만. 책임져야 하는 생명체는 너희 둘로 족하다는 정현김의 방침으로 그들과의 동거 경험이 없어서 그런지 고양이도 강아지도 모두 조금씩 어려웠다. 고양이는 내가 뭘 하든 그를 귀찮게 하는 것 같았고 익숙하지 않은 그의 야성이 무서웠다. 강아지 또한 내가 그의 애정에 온전히 부응할 수 없다는 사실이 괜스레 미안했고 그들의 그칠 줄 모르는 에너지가 버거웠다. 그 결과 나는 쉽게 그들에게 다가가지도 못하고 멀찍이 서서 애정을 표현할 뿐이었다.

그러던 중 퇴사 직후 종이동생와 떠났던 제주 여행에서 잊지 못할 고양이를 만나게 되었다. 태어난 지 3개월 된 레옹이는 처음부터 방에 불쑥 들어와서는 내 다리에 두 발을 살포시 올렸고. 다사스럽게 우리익 짐을 히나하나 궁금한 듯 들여다

보았다. 그때부터 새카만 얼굴에 노오란 눈동자가 자꾸만 눈에 밟히기 시작했다. 바다를 보러 나와도 이상하게 레옹이가 보고 싶었다.

그날 밤 레옹이는 저벅저벅 내 다리로 올라와서는 몸을 웅크리고 나를 쳐다보았고, 그날 처음으로 나는 고양이의 말랑말랑한 발바닥을 만져 보았다. 떠나는 날 아침, 레옹이는 침대 위로 올라와서는 내 등에 가만히 자그만 손을 얹었다. 얘가 보고 싶어서 어쩌지 - 아쉬워하며 서울로 돌아온 후에도 나는 한참 동안 레옹이의 울음소리를 따라하고, 앞발을 쫙 펼치는 모습을 흉내내며 그를 그렸다. 내가 세상에서 처음으로 좋아하게 된 고양이, 레옹이 덕분에 나는 고양이에 대해 그전과는 매우 다른 시선을 갖게 되었다. 고양이에 빠진 사람들을 이제서야 조금 이해할 수 있을 것 같았다.

이윽고 찾은 영국에서도 숙소에 고양이가 있었다. 여행 초반에 브리티시 악센트와 요크셔 지방의 억양에 모두 익숙해지지 않았을 때 가만히 고양이를 만지는 시간은 떠있는 마음을 어루만지는 시간이기도 했다.

첫 에어비앤비였던 바스에서는 토피캐러멜과 비슷한 과자색 고양이 Toffee와 Tinker가 있었다. 둘은 13년 전 같은 날 태어난 남매로 꼭 같은 토피색 무늬를 갖고 있었다. 다만 눈을 가늘게 치켜 뜬 팅커는 몸이 자그마했고, 커다랗고 선한 눈의 토피는 두리둥실 몸집이 컸다. 멀찍이 바라보고, 야옹 - 울던 첫날과 달리 다음날 둘은 아침을 먹고 있는 내게로 다가왔다. 쓰다듬어 주니 가만히 있는 모습이 너무도 귀여웠다. 특히 하늘빛과 연두색이 어우러진 토피의 커다란 눈동자는 볼수록 묘한 매력이 있었다. 한없이 착하고 티없이 순한 눈이었다.

바스에서의 마지막 밤에 돌아와보니 마침 집에는 아무도 없었다. 여느 때처럼 대문 앞에 나와있는 팅커와 같이 토피가 있는 방으로 향하자 소파 위에 있던 토피는 머리를 내 쪽으로 기울이며 파고들었고 팅커는 토피를 넘어 내 무릎 위로 올라왔다. 둘 사이에서 마구 정신이 혼미해져서 마음을 빼앗기다가 나, 사실 오늘이 마지막 밤이야 - 하며 눈물을 보인 것까지는 괜찮았는데.

문제는, 내가 고양이에 무지한 데에 있었다. 한참 좋은 시간을 보내던 중, 나는 그의 애정을 철석같이 믿고서 토피의 뒷다리를 어루만졌고 토피는 슬며시 다리를 움츠렸다.

뒷다리도 귀여운데 왜 그러지 하고 다시 만지는 순간 토피는 순식간에 늘어져있던 몸을 일으켜 이빨과 발톱으로 내 손을 할퀴었다. 그 순간에도 상황 파악이 안 된 나는 왜 그래 토피야 - 하면서 배를 만졌고 다시 한 번 그의 발톱에 손등을 긁혔다. 오른손에는 다섯 군데의 긁힌 자국이 났고 벌어진 상처로 피가 비쳤다. 그 사이 팅커는 내 무릎 위에서 내려가 부얼 한 켠에 등을 보인 채 돌아서 있었다. 응, 팅커야 내가 뭔가를 잘못했나 봐-. 놀라서 급 의기소침해진 마음으로 방에 돌아왔다. 그제서야 고양이 몸에서 만지면 안 되는 부위를 검색해보니 뒷다리는 '절대 안돼', 배는 '죽여 버린다'라고 쓰여 있었다.

저녁 대신 먹으려고 사온 멜론 용기의 포장을 뜯지도 못한 채 상처를 바라보고 있는 동안 많은 생각이 지나갔다. 찰나의 순간이었지만 꼭 연애의 한 장을 압축해서 겪은 것 같았다. 누군가 나에게 이만큼 마음을 준다는 것만으로 깊이 감동하고, 이만큼 날 좋아하니까 이런 행동도 받아주겠지? 다가가다가 부주의하게 경계의 신호를 놓치고 결국 상처를 받고 마는 그런 패턴. 파도가 수없이 마음을 쓸어가는 밤이었다. 두어 번 잠이 깰 때마다 토피의 눈이 떠올랐다.
'내가 하지 말랬잖아!'
평소와 다른 그 눈빛이 지워지지가 않았다. 쉽게 혼미해지지 말고, 경계의 신호를 간과하지 말지어다. 나는 조용히 눈을 감았다.

아침을 먹으러 내려갔을 때 토피는 저만치서 다가와 멈추어 서더니 야옹-하고 울었다. 많은 감정이 담긴 눈빛이었다. 첫날 이후로 선뜻 다가오지 않고 나를 보고 운 적은 처음이었다. 토피야- 하고 부르니 그제서야 내 쪽으로 와서는 가만히 있었다. 슬며시 토피의 머리를 만졌고 그는 다시 내 팔에 안겨 왔다.

식사를 마치고 토피가 누워있는 방으로 가니 토피는 다시 사랑스러운 눈빛으로 온몸을 내게 기대어 왔다. 화해는 더 애틋했다. 나는 조심조심 고양이가 좋아하는 부위를 만졌지만 아쉽게도 기차 시간이 다가오고 있었다. 떠나기 직전 토피야 안녕- 하고 말을 건네자 토피는 오래도록 지그시 나를 바라보았다. 그 모습이 영영 잊히지 않아서 요크에서도 토피를 생각하면 가슴이 내려앉았다. 바스로 가서 얼른 그를 쓰다듬어 줘야 할 것 같았다.

열흘을 보낼 요크에도 고양이가 있으면 좋겠다는 바람대로 그곳에는 Tommy라는 고양이가 한 마리 있었다. 세 살 된 타미는 검정과 흰색이 섞인 고양이로 발이 하얘서 꼭 흰색 양말을 신고 있는 것 같았다. 타미는 발라당 누워서 몸을 뒤집기도 하고 동그마한 머리를 들이밀며 가늘가늘한 눈으로 귀여운 표정을 지어 보이는 애교쟁이였다.

타미는 고양이답게 혼자 바빴다. 정원을 부지런히 오가며 나비와 다람쥐를 쫓거나 벤치에서 햇살을 맞았다. 고양이는 어느 순간 마음에 스미는 존재여서 방문을 꼭 닫고 안에 틀어박혀 있던 나는 중간중간 방문을 열어 타미를 찾기 시작했다.

탐타미 - 하고 부르면 그는 내 다리를 맴돌며 머리를 부볐다. 글에 대한 압박과 이방인의 기분으로 마음이 가라앉아 있을 때 그를 만지면 확실히 기운이 났다.

하루는 아침을 먹고 있는데 정원에서 돌아오는 타미와 눈이 마주쳤다. 아침부터 바쁘네 - 웃으며 열어둔 창문을 닫으려고 보니 타미가 마침 그 너머에 있었다. 다시 정원으로 용무를 보러 가는 중이었던 듯싶은데 나를 보더니 잠시 고민에 빠졌다. 고개를 돌려 자기가 방금 나온 문을 쳐다봤다가 다시 정원을 바라봤다가 골똘히 생각에 잠긴 얼굴이었다. 그 모습이 너무 귀여워 카메라를 가지고 오니 그새 그는 사라지고 없었다.

혹시나 하고 방문을 열자 타미는 커다란 눈을 하고 앉아 있었다. 내가 쓰다듬는 중간중간 밥을 먹고 물을 마시러 다녀오더니 한발 한발 디디며 내 다리 위로 올라와 자리를 잡았다. 타미는 생각보다 따뜻했다. 따스하고 폭신하다고 서로 같은 생각을 하고 있는 건가 싶은 평화로운 아침이었다. 타미의 오르락 내리락 하는 배를 바라보면서 호흡을 맞추고 싶었지만 그의 숨은 나보다 밭았다.

이후로 타미는 정원에 있다가도 저만치서 나와 눈이 마주치면 성큼성큼 집으로 들어왔고, 창 밖에서 야옹 - 하고 나를 부르기도 했다. 눈이 마주치면 거침없이 집 안으로 들어서는 그 우아한 발걸음에 나는 방문을 열기 전부터 마음이 설렜다.

요크를 떠나는 날은 아침을 먹기도 전에 타미와 마주친 터에 토스트를 데우려다 말고 아쉬움을 가득 담아 그를 어루만졌다. 정신 없이 아침을 먹고 트렁크를 끌고 밖으로 나가자 커다란 눈으로 지켜보던 타미가 마지막으로 내 다리를 감쌌다. 그렇게 나는 세상 어디에도 없는 고양이와 또 한 번의 이별을 했다.

고양이는 생김새만으로 사람을 차별하지 않고 커다란 눈으로 사람의 내면을 헤아릴 줄 알았다. 신기하게도 모든 것을 기억하고 자기에게 애정을 준 사람을 그만큼 다정히 대해 주었다. 동그마한 머리와 기다란 허리, 그리고 스르륵 빠져나가는 꼬리를 만지는 동안 우리는 둘 다 봄날의 햇살 같은 기분이 되곤 했다. 긴 여행의 초반에 만난 그들 덕분에 나는 쉬이 지치거나 작아지지 않고 천천히 숨을 고를 수 있었고. 이후 힘든 일이 생길 때마다 그들 곁에서 보낸 시간을 생각하며 마음을 달랬다. 눈을 감으면 이내 떠오르는 얼굴들 모두, 오늘도 가늘가늘 웃으며 잘 지내고 있기를.

Blue Lagoon ~~~ Comino Island in Malta *3 nights*

 새벽 퇴근을 한 날에도 바로 잠들기는 아쉬웠다. 한두 시 퇴근은 이따금 서너 시의 취침으로 이어졌고 무라카미 하루키의 '태엽 감는 새'는 그렇게 한밤중에 읽어나간 책이었다. 이어지는 내용이 궁금하여 침침한 눈은 끊임없이 책장을 넘겼고 그 잔혹함과 아득함에 숨이 밭아졌다. 하루키 작품 중에서 가장 애착이 가는 인물 중 하나가 바로 초반에 등장하는 '가노 마루타'였다. 몰타 섬과 크레타 섬을 일본식으로 발음한 결과 이 인물들은 마루타와 구레타 자매가 되었는데, 언니인 마루타가 한 말 중에 의미심장한 이야기가 있었다.

 '물의 근원'인 몰타에서 한동안 치유의 시간을 보냈고 그 섬의 이름을 따서 스스로 마루타라는 이름을 붙이게 되었다고. 바닷가 사진 몇 장을 본 것이 전부였던 미지의 섬은 그때부터 강한 궁금증으로 다가왔다. 어느 날 나는 Y에게 조심스럽게 말을 꺼냈다. 혹시 몰타에 관심이 있니-. 응, 나 완전 관심 많아-. 그녀의 답변에 우리는 3월 말, 몰타 행 비행기에 올랐다.

몰타에서는 심각할 정도로 한 일이 없었다. 숙소Hotel Valentina 주변에는 맛있어 보이는 식당과 바가 즐비했고 호텔방 침구는 보드랍게 몸을 빨아들였다. '드래곤볼'의 호이포이 캡슐이 있다면 앞으로의 여정에 이 침대를 싸들고 다니고 싶다는 생각이 들 정도로. 우리는 배가 고파지면 나가서 밥을 사먹고 다시 돌아와 각자의 침대에 자리를 잡는 시간을 반복했고 성게 크림 파스타가 무척 맛있는 식당Il Ponte Restaurant에 매일같이 드나들다 이탈리안 사장님에게 '친구'라는 호칭과 함께 디저트를 선물 받았다.

그리고 마지막 날 드디어 몸을 일으켜 꼬미노 섬을 찾았다. 푸른 네온빛으로 부서지는 얕은 바다와 여름 같은 햇살 덕에 사람들은 3월에도 첨벙첨벙 물에 뛰어들었다. 바위에 걸터앉아 레몬맛이 나는 Cisk 맥주를 마시면서 이 해변에 매일 뛰어든다면 정말 치유의 시간을 보낼 수 있을 것 같다고 고개를 끄덕였다. '물의 근원'을 찾아갔던 마루타의 여정이 새롭게 이해되는 순간이었다.

～ 수변, 두 번째

Pub: 커피 대신 맥주를 파는 Cafe

영국에서 체류하는 기간이 긴 만큼 이번에는 펍에 자주 들러보고 싶었다. 지금은 서울에도 혼자 술을 마시기에 좋은 공간들이 많이 생겨났고 더 이상 여자의 혼술이 대수롭지 않은 일이 되었지만 대학생 무렵만 해도 혼자 술집에 가서 술을 마시는 일은 꽤 용기를 필요로 하는 것이었다. 그래서 달달한 칵테일이 먹고 싶은 날이면 친구와 술집에 가거나, 방 안에서 혼자 크루져, 머드쉐이크 같은 병술을 마시며 거품이 이는 빨간 술을 떠올리곤 했다. 그리고 드디어 요크의 펍 앞에 섰을 때, 나는 오랜만에 대학생 시절의 긴장감을 맞닥뜨리게 되었다.

요크에서 지낸 숙소는 시내에서 조금 떨어져있는 Fulford라는 곳에 있었다. 그곳에는 영화 '가위손'에 나올 법한 정원이 딸린 주택가가 한가로이 이어졌고 조금 걷다가 휙 들어갈 만한 식당이나 카페는 잘 없는 듯 보였다. 찾아보니 숙소에서 15분이 좀 안 되는 거리에 평이 좋은 펍이 하나 있었다. 하얀 외관의 'The Lighthorseman'은 어렵지 않게 찾을 수 있었지만 창문 너머로 보이는 풍경은 아무래도 쉬워 보이지 않았다. 술을 마시는 사람들은 거의 모두 아저씨들인 것 같았고 'Sports'라는 글씨와 함께 TV에서는 언뜻 초록색 잔디가 비쳤다. 그 앞을 잠시 서성이다가 그날은 결국 하얀 문을 열지 못하고 발길을 돌렸다.

그렇지만 이미 위치를 알아버린 그 펍의 분위기가 점점 궁금해지기 시작했다. 영국에서 펍은 우리의 카페 같은 곳이라는 말을 되뇌며 다음날 다시 The Lighthorseman을 찾았다. 용기를 내어 하얀 문을 열어젖히자 생각보다 그 안에는 유유한 공기가 흐르고 있었다. 마침 건너편 테이블에 남편과 같이 온 아주머니들이 계셨고 그들은 내게 살짝 미소를 지어 보였다. 혼자 술을 마시는 사람이 드문드문 보였고 그들은 조용히 자기 할 일을 하며 이따금 앞에 놓여진 술을 마셨다. 그 옆에서 커다랗고 작은 강아지는 점잖이 앉아 꼬리를 이리저리 흔들었다.

주춤거리며 주문을 해볼까 하는데 마치 네가 들어온 걸 안다는 듯 바텐더 언니가 나를 보고 고개를 끄덕였다. 그 언니에게 맥주를 추천 받아 한 입 마시니 보드라운 거품과 차가운

에일맥주가 입 안으로 밀려들었다. 와 - 정말 들어오길 잘했다 싶은 맛이었다. 저녁으로 주문한 망고 칠리소스가 올려진 닭 가슴살 구이와 감자튀김을 맥주와 함께 싹싹 먹어 치우는 동안 펍은 서로 아는 사람들 사이에 하우질고잉 - 안부를 묻는 분위기로 채워져 갔다.

그 후로 맛있는 맥주가 먹고 싶을 때나 근처에서 제대로 된 식사를 하고 싶을 때면 책을 들고 동네 펍을 찾았다. 포스를 뿜뿜 뿜어내는 밝은 바텐더 언니는 항상 고개를 끄덕이며 글라스 가득 맥주를 따라주었고 어딘가 허랑해 보이는 레게머리 남자 쉐프는 성의를 다해 음식을 만들어 냈다. 그들 덕분에 다양한 에일맥주와 치킨 구종goujon: 작은 조각으로 된 닭 튀김 같은 안주에서부터 레드 커리 누들 같은 아시안 요리를 언제나 느긋하게 즐길 수 있었다. 요크를 떠날 때 고양이 타미와의 이별 다음으로 아쉬웠던 건 The Lighthorseman을 더 이상 찾을 수 없다는 사실이었다.

요크에서의 경험으로 나는 다른 곳에서도 어렵지 않게 펍 문을 열어젖힐 수 있었다. 새로운 곳을 방문할 때면 큰 숨을 한 번 들이쉬어야 했지만 맥주잔을 받아 들고 자리에 앉으면 그처럼 아늑한 공간이 다시 없는 기분이었다. 더러 와자지껄한 경우도 있었지만 영국의 펍은 술집이라고 하기에는 서로 일정한 선을 지키는 독립적인 공간에 가까웠고 유일한 외국인이 책을 보거나 글을 쓰기에도 꽤 괜찮은 장소였다. 무엇보다 수많은 탭에서 갓 따른 맥주는 상쾌하게 맛있었고 더운 날 오렌지와 민트, 오이를 넣은 핌즈Pimm's에 쏴아 – 소다수를 분사하는 모습에서는 청량감이 터져 나왔다. 게다가 직접 만들어 먹기 힘든 바비큐 립과 로스트 비프, 그리고 바삭한 피시 앤 칩스를 펍에서는 모두 손쉽게 맛볼 수 있었다.

라거보다 에일맥주를 좋아하는 까닭인지 이후 맥주가 맛있기로 유명한 다른 지역으로 옮겨간 후에도 영국의 펍을 그리는 일이 많았다. 그리운 것은 맥주만이 아니라 펍 특유의 소란스러우면서도 고요한 분위기이기도 했다. 나는 그 속에서 비로소 10년 전쯤 혼자 자유로이 술을 즐기고 싶었던 기분을 온전히 누리고 있었는지도 모른다. 누구에게도 방해받지 않고 맛있는 술을 넘기는 시간을.

잘못 든 길에서 만난 것

 길을 잘못 들어 엉뚱한 골목으로 한참을 걸어갔다. 에든버러의 구 시가지는 길이 서로 엉켜 있어서 나란하던 길이 높다란 계단으로 확 갈리거나 점점 너비가 넓어져 시작은 같아도 저만치 떨어지게 되는 일이 종종 있었다. 'Filmhouse'에서 영화를 보고 집으로 돌아가는 길, 아까 왔던 길로 되짚어 간다고 간 건데 그 길이 영 아니지 싶었다.

 요 전날에는 맞은편 2층 침대의 아랫단에서 굳이 같이 자던 커플이 들고 오는 빨간 물체에 시선을 빼앗기는 일이 있었다. 자세히 보니 익숙한 봉다리에 '김치라면'이라는 글자가 적혀 있었다. 이거 어디에서 샀냐는 말을 할 타이밍을 한번 놓치니 그들이 늘어놓은 물건을 내가 유심히 본 셈이 될 것 같아 더 이상 물어보기가 애매했다. 분명 이 호스텔 근처에서 샀을 텐데. 서울에서는 1년에 한 번 먹을까 말까 한 김치라면에 온 마음이 동하는 것을 느꼈다.

그런데 오늘 생소한 거리를 헤매는 와중에 저만치 오리엔탈 마켓이라는 글자가 보였다. 아 저기구나. 이제야 풀린 김치라면의 비밀에 마냥 좋아진 기분으로 골목 모퉁이를 돌자, 기타가 놓여 있고 통 유리창 사이로 감각적인 음악이 흐르는 힙한 카페가 보였다. 카페를 유심히 봐두고 그날은 일단 호스텔로 돌아왔다.

며칠 뒤 1박 2일 하이랜드 투어에서 돌아온 다음날, 점심을 먹고 어디로 갈까 생각해 보다 문득 그 카페를 떠올렸다. 한 번 헤맸던 길이라 단박에 그 골목을 찾지는 못했지만 이내 그날의 오리엔탈 마켓이 시야에 들어왔다. 또박또박 쓰여진 아는 글자들 사이에서 소중한 김치라면을 하나 들고 나왔다. 겉면에 만져지는 오돌토돌한 감촉이 반가웠다.

그 골목 끝엔 여전히 힙한 그때의 카페가 있었다. 기타를 베이스로 한 노래를 시작으로 좋은 노래가 끝없이 흘렀고 나는 그 안에서 진과 라임주스, 코코넛 향을 섞은 Tap Pizz를 마셨다. 바텐더가 4시부터 출근이라 지금 이게 될지 모르겠다던 점원 언니는 다른 남자 점원에게 너 이거 만들 수 있어? 물어보고는 나에게 눈을 찡긋해 보였다. 아마 바텐더가 만들지 않아서 였는지는 모르겠지만 적당히 달달하게 만들어진 칵테일은 내 입맛에 아주 잘 맞았다. 이거 맛있다고 엄지를 들어 보이자 남자 점원은 크크 하는 얼굴로 웃었다.

여기 노래가 참 괜찮네 하고 보니 카페 이름 아래 Music과 Lounge라는 글귀가 붙어있었다. 그냥 카페인줄만 알았던 'The Tap'은 노보텔에 딸린 카페 겸 바였고 지하에 있는 화장실에서 어쩐지 수영장 냄새가 난다 싶어 둘러보니 지하에 수영장이 있었다. 카페에서 머무는 동안 종이와 계속 이야기를 하느라 글은 별로 쓰지 못했지만 한참을 마셔도 줄지 않는 달달한 칵테일과 차곡차곡 에너지가 쌓이는 듯한 노래를 들으며 나른한 토요일을 보냈다.

그러다 문득 그런 생각이 들었다. 잘못 든 길이라는 건 없는지도 모르겠다고. 처음 가보는 길 혹은 뜻밖에 재미있는 길이 있을 수는 있어도 내가 아는 길로 향하지 않았다고 해서 길을 '잘못' 들었다고 할 수는 없는 것이라고. 예상치 못한 길에서 만난 멋스런 카페에서 나는 에든버러에 있는 동안 가장 기분 좋은 카페 놀이를 했고 가방에서는 걸을 때마다 뽀각뽀각 흐뭇한 봉다리 소리가 났다. 모든 길은 그 자체로 각자의 자리에 있었다.

카페를 나와서 아까 오는 길에 언뜻 보였던 분홍빛 골목으로 향했다. 집으로 가는 방향과는 전혀 다른 곳이었지만 서둘러야 할 일정이 있는 것도 아니었기에 추운 날씨에 피어난 꽃을 가까이서 보는 일이 지금 이 순간에는, 가장 중요한 일이 되었다. 호기심으로 한 발 한 발 걸어간 길 끝에는 자그마한 교회 정원에 자리한 벚꽃나무가 있었다. 한참을 예쁘다 예쁘다 사진을 찍고 나오니 건너편에 온통 푸른 공원이 보였다. 'The Meadows'라는 그 드넓은 공원 안에 벚꽃나무가 양 옆으로 늘어선 벚꽃길이 있었다.

벚꽃이 좋아서 수능이 끝나면 내년 봄에 여의도로 벚꽃 구경을 가자는 정현김의 편지에 주르륵 울기도 하고-학교에서 엄마와 편지를 주고받는 행사가 있었다-쉽게 휴가를 낼 수 없는 직장에서 만 하루 일정으로 정현김과 도쿄 벚꽃 여행을 가기도 했었는데, 올해는 처음으로 벚꽃 길을 걷지 못하는구나 생각하던 터였다. 4월에도 2°까지 떨어지는 에든버러에서 벚꽃 구경을 하게 되리라고는 정말 상상도 할 수 없었는데. 초록빛 들판에서 한 줄로 기다랗게 이어지는 진분홍 벚꽃길을 걸으니 뛰어 노는 강아지마냥 마음이 펄떡펄떡 뛰었다. 평소처럼 정면으로 바람이 불어오는 날인데도 나무 아래 앉아 있고 싶어서 오가는 사람들의 들뜬 발걸음을 보며 한참 동안 분홍진 바람을 맞았다.

돌아오는 길에 Grass Market 장터가 계속 열려 있으면 거기서 저녁을 사 들고 가야지 하는데 교차로에서 옆으로 빠지는 작은 샛길이 보였다. 그 샛길을 따라가보니 거짓말처럼

Ramen이라는 글자가 나타났다. 일본에서도 몸이 으슬으슬 추우면 계획이 어떠하든 그저 라멘집으로 발걸음을 돌리곤 했었는데 때마침 등장한 라멘 간판은 마치 바람신의 계시인 것만 같았다. 요크에서 해장을 위해 먹었던 일본 라멘은 국물도 면도 내가 알던 라멘과는 현저히 다른 맛이었어서 이곳의 돈코츠 국물은 과연 어느 지점으로 치달으려나 - 하는 우려 끝에 등장한 라멘은 반숙 계란도, 부드러운 챠슈도 무엇보다 설렁탕 같은 진한 국물까지 모두 제대로였다. 우연히 발견한 곳에서 제대로 된 일본 라멘을 먹다니. 영혼의 돈코츠 라멘을 완식하고 나오는 길에 일본인 쉐프에게 정말 맛있었다는 감흥을 전했다.

  수많은 방향을 두고 자꾸만 머리로 앞서 생각하게 되지만 몸이 이끌리는 방향으로 움직였을 때 그곳에 내가 원하는 것이 놓여있는 때가 있다. 매번 지나가던 길로 돌아왔다면 올해의 벚꽃길도 근사한 카페도 뜨끈한 라멘도 모두 마주치지 못한 채 에든버러를 떠나야 했을 것이다. 때로 이성적으로 부여잡은 많은 것들은 대세에 순응하는 긴 한숨이 되어 발등 위로 쌓이곤 했다. 잘 모르겠다고 답이 보이지 않는다고 말하는 순간에도 내 몸은 이미 모든 것을 알고 있을지 모른다. 문득 느껴지는 기척에 한 번쯤 크게 숨을 들이마셔도 괜찮지 않을까. 커다래진 눈동자와 호기심 어린 발걸음이 이끄는 그 길에서 환하게 피어난 나를 만날 수도 있을테니.

River Avon ~~~ Bath *3 nights*

 여행을 시작한 지 일주일이 지나 드디어 홀로 장기 체류를 시작해야 하는 때가 다가왔다. 아침 일찍 로마로 떠나는 J언니와 Y에게 작별 인사를 건네는데 장기 체류 선배인 Y가 오랫동안 나를 안아 주었다. 말없는 포옹의 찰나에 염려와 사려, 격려의 감정들이 어깨 위로 내려앉았다.

 히스로 공항의 지난한 입국심사를 거쳐 다음날 단돈 1.50파운드에 바스로 향하는 기차를 탔고, 에이번강이 흐르는 옛 시가지의 바스에 다다랐다. 이곳에서 처음으로 발길 닿는 대로 버스커들의 음악 소리를 따라 골목골목을 돌아다녔고, 제인 오스틴의 '노생거 사원Northanger Abbey'에서 복잡한 마음으로 거리를 지나쳤을 캐서린의 모습을 겹쳐보다 숨어있는 작은 영화관과 한가로운 공원의 뒷자락을 발견했다.

 방에 누워 있으면 옥탑방 지붕 위에 난 창문으로 톡톡 빗방울이 떨어졌고 갈매기가 바쁘게 날아다녔다. 매일 아침 끼익끼익 우는 갈매기 소리에 잠이 깨어 아침을 먹고 있으면 토피색 고양이 두 마리가 슬금슬금 다가와 곁에 자리를 잡았다. 수영복을 들고 Thermae Bath Spa에 찾아갔던 날 야외 풀장 너머로 갈매기들은 고개를 갸웃거리며 이쪽을 바라보았고 물 묻은 슬리퍼에서는 걸음마다 갈매기 소리가 번졌다.

~~~ 수변, 세 번째

위스키, 흘려 먹지 않아도 맛있는

 싱글 몰트 위스키의 인기가 한창인 때에도 누군가 위스키를 말하면 '아저씨들이 마시는 술'의 이미지와 함께 멋진 아저씨들이 위스키 잔을 들고 쓰윽 미소를 흘리는 광고 사진이 먼저 떠올랐다.-영화 '소공녀'가 개봉하기 전의 일이다-그러다 일할 때 거의 이틀에 한 번 꼴로 찾던 카페가 경리단 길로 이전하는 일이 생겼고 몇 달 후 나는 단골 밥집 사장님과 이전한 카페를 찾아갔다.

 카페 사장님은 우리에게 예전에 그랬듯 메뉴에 없는 연어 샌드위치를 만들어 주었고 커피와 샌드위치에 감탄하며 밀린 이야기를 늘어놓던 중 "위스키를 좀 드셔보지 않으실래요?" 하면서 서로 다른 세 개의 병을 꺼내 왔다. 글렌피딕과 글렌리벳, 탈리스커를 조금씩 마시는 동안 창밖으로 계속 가을비가 내렸다. 위스키는 비와 잘 어울리는 술이라는 인상을 안고 빗속으로 걸어 들어갈 즈음에는 목 안 깊숙이 그윽하고 달콤한 향이 배어 있었다.

　스코틀랜드와 아일랜드 여행을 앞두고 펼친 '무라카미 하루키의 위스키 성지여행'은 다음과 같은 문장으로 시작하고 있었다. '만약 우리의 언어가 위스키라고 한다면… 나는 잠자코 술잔을 내밀고 당신은 그걸 받아서 조용히 목 안으로 흘려 넣기만 하면 된다.' 약 20년 전의 위스키 순례글을 읽으며 아일레이 섬Islay이 몹시도 궁금해진 나는 Distillery Tour 상품을 찾아보았지만 3박 4일 간 매일 4-5 군데의 증류소를 들르는 일정은 아무래도 아직 무리라는 생각이 들었다. 대신 에든버러에 가면 그가 말한 대로 생굴에 싱글 몰트 위스키를 끼얹어 먹으리라고 다짐했다.

　에든버러에 도착한 첫 날, 어디에서 밥을 먹을까 생각하다 적어 두었던 해산물 레스토랑 'Fishers'를 검색했다. 숙소에서 20분 정도 걸어야 하는 거리였지만 머릿속엔 이미 생굴과 위스키의 이미지가 넘실거렸다. Old Town의 언덕을 내려와 길을 건너 몇 블록을 지나자 푸른 빛이 시야를 채웠다. 시가지에서 조금만 걸으면 금세 바다가 보이는 곳, 에든버러는 그런 곳이었다.

　Fishers에 자리를 잡고 보모어Bowmore 한 잔과 생굴 6개, 연어 플래터를 주문했다. 양파를 썰어 넣은 비네거 소스와 레몬, 타바스코 소스와 함께 등장한 생굴 위로 조심조심 위스키를 흘렸다. 굴에서 나는 바다 내음과 위스키의 향이 밀려가는 해안선처럼 싸르르함을 남기고 사라졌다. 묘하게 생기가 느껴지는 맛이었다. 바다의 향과 달달한 오크향이 서로 맞닿는 지점에서, 미끈한 굴은 소리도 없이 흘러내렸다.

그 후로도 에든버러에 있는 동안 종종 신선한 해산물과 함께 싱글 몰트 위스키를 마셨다. 영국의 펍에 들어가면 에일맥주를 마셔야 하는 것처럼 스코틀랜드에 있는 동안은 간간이 위스키를 마셔야 할 것 같은 기분이 들었다. 잔에 조금씩 담긴 보모어, 글렌리벳, 글렌킨치, 달위니를 맛보는 동안 위스키 순례기에서 읽은 대로 얼음을 넣지 않고 스트레이트로 위스키를 마셨다. 달콤한 맛이 흐려지는 게 싫어서, 그리고 이곳 사람들은 위스키에 얼음 대신 물을 타서 마신다는 대목을 잊어버린 탓에 언제나 위스키를 그대로 머금었고 달큰한 향은 알싸하게 목 뒤로 넘어갔다.

운 좋게 스코틀랜드에 있는 동안 위스키 증류소를 방문할 기회가 있었다. 1박 2일로 다녀온 하이랜드 투어의 일정에 마침 달위니Dalwhinnie 증류소에 들르는 시간이 있었다. 그림 같은 전원을 달리며 꾸벅 졸다가 사람들을 따라 들어간 하얀 건물 안에는 달콤한 향이 가득 차 있었다. 꿀과 초콜릿, 바닐라 향이 뒤섞인 낯선 건물 안에서 나는 무척 행복해졌고 우리의 눈은 어느덧 일렁이는 호박색으로 빛나고 있었다.

드디어 테이스팅의 순간에 우리를 안내해 준 할아버지는 위스키 잔을 하나씩 건네주며 일단 먼저 위스키를 맛보고 그 다음에는 이 다크 초콜릿을 먹고 나서 위스키를 마셔 보라고 권했다. 그 맛의 차이를 즐겨보라며. 초콜릿과 어우러지는 위스키의 합은 눈이 동그래질 만큼 좋았고 할아버지는 후후 웃으며 고개를 끄덕였다. 견학을 마치고 나오니 상점에서는 위스키뿐만 아니라 다양한 종류의 초콜릿을 판매하고 있었다. 나는 오렌지와 시나몬 향이 섞인 초콜릿을 하나 사서 남은 위스키를 비웠다. 그 향긋한 시간을 오래도록 붙들고 싶어서, 다시 차에 탄 뒤에도 할아버지가 나눠준 위스키 잔을 이따금 코에 가져다 대며 먼 풍경을 바라보았다.

그리고 투어에서 돌아온 날 저녁에 다시 위스키와 생굴의 조합을 생각하며 곧장 Fishers로 향해 생굴 9개를 주문했다. 그날따라 하필 사장님이 직접 음식을 가져다 주면서 계단 위에서부터 "Hey Madame!" 하고 외쳐대는 바람에 민망하게 웃어야 했지만 다시 위스키를 홀려 먹는 시간은 유일하게 혼자인 투어 참가자가 버스 안에서 그토록 고대하던 시간이었다.

스코틀랜드의 아이스크림 가게에서도 위스키 맛을 어렵지

않게 찾아볼 수 있었다. 하이랜드 투어 첫날, 점심시간이 주어진 Pitlochry에서 나는 처음으로 위스키 아이스크림을 고르고 빠른 속도로 아이스크림 컵을 비웠다. 차 옆에서 아이스크림을 먹으며 가이드 아저씨에게 이 마을 이름을 어떻게 발음하는 거냐고 물었다가 스코티시 악센트에 한 번 놀라고-ch와 r사이에 아저씨의 모든 야성을 담는 듯했다-자 너도 한번 발음해 보라는 아저씨의 제안에 두 번 놀라야 했지만. 바닐라 아이스크림에 더해진 위스키 향은 생각보다 더 산뜻했다.

그날의 기억으로 에든버러의 유명한 아이스크림 집 'Mary's Milk Bar'에서도 위스키 맛을 주문했다. 에든버러를 떠나기 하루 전날이었고 계속해서 미뤄둔 에든버러 캐슬과 홀리루드 공원Holyrood Park 정상에 있는 Arthur's seat에 모두 다녀와야 하는 날이었다. 가게 맞은편에 바라다보이는 에든버러 캐슬을 쳐다보며 위스키 아이스크림을 찬찬히 먹고 나자 이제 움직일 수 있겠다는 생각이 들었다.

엄청난 일정을 무사히 마치고 찾은 'World's End' 펍에서 '세상의 끝' 맥주를 받아 마시고 에든버러에서의 마지막 밤에 위스키를 더하기로 했다. 수많은 이름들 사이에서 마지막으로 보모어를 골랐다. 아직도 위스키에 대해 잘 모르지만 기계를 쓰지 않고 여전히 사람의 힘만으로 만들어진다는 보모어에 자꾸만 마음이 갔다. 하루키의 표현에 의하면 보모어에는 '사람의 손에서 전해지는 온기가 느껴지고', '난롯불 앞에서 정겨운 옛 편지를 읽을 때와 같은 고요함과 따사로움, 정겨움이 배어 있다'. 프랑스 대선 방송이 흘러나오는 왁자지껄한 일요일 밤, 나는 고요함과 따사로움, 정겨움에 둘러싸여 에든버러에서의 시간들을 차곡히 접었다. 다음번에는 아일레이 섬을 위해 이곳에 다시 앉아있고 싶다는 생각을 하면서.

어디에나 있었던 사람 스트레스 1.
- Hostel의 악몽

　회사를 그만두면서 바랐던 일 중 하나는 마음이 건강한 사람들 사이에서 시간을 보내고 싶다는 염원이었다. 왜 저런 소리를 하는 건가 싶은 난데없는 당혹감과 스스로를 달래기 위한 합리화의 로테이션에서 벗어나고 싶었다. 그러나 쉬는 동안에도 결코 사람 스트레스에서 자유로울 수는 없었다.

　굳이 찾아 볼 마음이 들지 않는, '호스텔'이라는 이름의 호러 영화가 존재할 만큼 호스텔의 도미토리 룸은 언제나 위험의 소지를 안고 있지만 저렴한 가격만큼은 언제나 매력적으로 다가왔다. 평점이 높은 호스텔은 시가지와의 접근성이 좋거나 시설이 괜찮은 경우가 대부분이었고 운이 좋으면 성격 좋은 룸메이트와 친구가 되거나 그 동네의 다양한 정보를 얻을 수도 있었다 이번에는 런던과 파리 에어비앤비에서의 장기 체류 비용을 감안하여 그 외의 지역에서는 간간이 도미토리를 이용하기로 했다. 특히 에든버러와 더블린에서는 총 25박 26일에 달하는 기간을 장기 투숙자로 머물며 다양한 인간 군상을 마주하게 되었다. 그러던 와중, 잊을 수 없는 악몽 같은 밤이 찾아왔다.

12인실 도미토리에서 운 좋게 1층 침대를 사수하고 거의 매일 바뀌는 룸메이트들과 함께 두 개의 화장실이 딸린 방에 적응할 무렵이었다. 보름달을 찾아보겠다고 처음으로 아홉 시 넘어 방에 돌아왔던 날, 방 안은 이상하리만치 고요했다. 나는 아무도 없는 방에서 스트레칭을 하고 여유롭게 샤워를 마치고 일드를 한 편 본 다음 자정이 넘을 즈음 자리에 누웠다. 에든버러의 호스텔에서 가장 기분 좋은 저녁이었다.

잠이 들만 한데 문이 벌컥 열리더니 서너 명쯤 되는 남자들이 시끄럽게 방 안으로 들어왔다. 들어오자마자 형광등부터 켠 그들은 우당탕 씻고 각자의 침대에 누워서도 한참을 떠들며 내가 그토록 배우고 싶어했고 1년 전부터 배우고 있는 불어가 얼마나 무례하고 듣기 싫은 언어가 될 수 있는지를 몸소 보여 주었다.

당시에는 전혀 모르고 있었지만 나중에 알게 된 사실은, 매번 만실이던 방에서 우연히도 나를 제외한 전원이 그날 모두 퇴실을 하게 되었고 그 덕에 하필 같은 날 도착한 10명의 프랑스 남자들이 전부 이 방에 배정을 받게 되었다는 것이었다. 평점이 좋은 호스텔에서 도미토리에 여자 1명만 배정하는 무책임한 짓을 할 리가 없으리라고 막연히 믿고 있던 나는 단체로 여행 온 술 취한 20대 프렌치 놈들과 한 방을 쓰게 된다는 사실을 꿈에도 생각지 못하고 있었다.

도무지 알아들을 수 없는 빠른 불어 속에서도 우리의 숫자 욕에 해당하는 욕설이 쉼 없이 들렸고 나는 온 신경을 그들에게 기울인 채 눈을 감고 그들이 빨리 잠들기만을 기다렸다. 잠잠해졌다 싶은 순간 놀란 숨을 내쉬며 서서히 잠을 청해 보려는데 다시 우당탕 문이 열리고 불이 켜졌다.-보통 새벽에 불 꺼진 방에 들어올 때는 최대한 조용히 들어와서 침대에 달려 있는 개인 등을 켜는 게 일반적임에도 그들은 들어오자마자 냅다 방 전체 불부터 켰다-시간이 더 늦어져서인지 두 번째로 들어온 서넛은 더욱더 술에 취한 듯 요란스럽게 돌아다녔고 무언가 제대로 부서지는 소리가 들렸다.

그리고 그들이 들어옴과 동시에 잠잠해졌던 첫 번째 무리가 모두 잠에서 깨어 다시 짜증나는 불어 욕설이 시작되었다. 그들 중 몇 명은 장난처럼 쉬쉬 - 조용히 해 저기 자고 있는 애가 있어 - 하면서 끊임없이 떠들었고 그토록 알아듣기 힘든 와중에도 나와 관련된 이야기가 나올 때면 기분 더러운 쎄함이 느껴졌다. 혹시 쟤가 불어를 알아듣는 건 아닐까? 설마 알겠어? 하는 말을 애써 넘기며 다시 그들이 잠잠해지기를 기다리는데 저녁에 마신 커피 때문인지 화장실에 가고 싶어졌다. 그 미친놈들을 가로질러 방 안에 있는 화장실에 다녀오는 것은 정녕 내키지 않는 일이었지만 그대로 자버릴 수도 없었다.

그들이 아주 잠시라도 놀라서 입을 다물어주기를 바라면서 나는 탁탁 슬리퍼 소리를 내며 화장실에 갔다. 불은 진즉 꺼진 상태였고 각자 자리에 누워서 입을 놀리던 소리는 내 발소리에 잠시 주춤하는 듯 보였다. 화장실에서 나와 마찬가지로 크게 발소리를 내며 자리로 돌아오다가, 어두운 방 한 가운데에 생겨난 물 구덩이를 보지 못한 나는 빠르게 걷던 속도 그대로 주욱- 미끄러지고 말았다. 또 다시 발목이 다치게 될까봐 엉겁결에 손으로 바닥을 짚은 덕에 쫘당 넘어지지는 않았지만 손이 계속 아렸다.

어떻게 세수를 한 건지 온통 바닥에 물을 흩뿌려 놓은 그들은 내가 미끄러지는 소리를 듣고 일제히 와- 하고 웃어 댔다. 컴컴한 방 안에서 나를 대상으로 그렇게 많은 인간들이 비웃는 소리를 듣는 건 처음이었다. 그들은 내가 침대로 돌아가 한동안 손을 부여잡고 있을 때에도 숨이 넘어갈 듯 웃음을 그치지 않았다. 이게 재밌어? 쏘아붙여봤자 헛수고였다.

그러고도 한참을 떠들다 그들은 조용해졌고 나는 넘어질

때 마찰이 있었던 손과 무릎이 괜찮기만을 바랐다. 그러나 그 날 밤의 악몽은 그쯤에서 일단락되지 않았다. 아마도 새벽 4시쯤 그때까지도 들어오지 않았던 나머지 무리가 마지막으로 문을 쾅 열고 들이닥쳤고 그 바람에 잠들었던 인간들마저 전부 기상해서 다시 요란스럽게 떠들기 시작했다. 그들은 아까 내가 넘어졌던 상황을 웃긴 듯이 새로 온 무리에게 설명했고 그때 내게 괜찮아? 하고 물었던 한 명의 목소리마저 따라하며 또 다시 미친듯이 웃어 댔다.

정적이 찾아올 때까지 기다리다 잠시 눈을 붙이고 일어나니 온 몸이 무거워진 솜처럼 피로했다. 여행 중 처음으로 잠을 제대로 자지 못한 날이었다. 넘어진 여파로 손가락과 손바닥의 한 부분이 붉게 멍들어 있었고 무릎도 쓸려 있었다. 나는 리셉션으로 내려가 잠들기 전까지 내내 되풀이하던 문장을 늘어놓았다. 그들이 어떻게 세 차례 방에 들어와서 요란스럽게 떠들어 댔는지, 내가 넘어지던 순간에 얼마나 웃어 댔는지, 어떻게 그들하고 나를 같은 방에 배정할 수 있는지. 스탭이 해준 말은 다행히 오늘 그들이 모두 퇴실할 예정이고 다시는 이런 일이 생기지 않도록 하겠다는 것뿐이었다. 그러면서 그녀는 그런 일이 있을 때에는 무조건 리셉션으로 내려와야 하는 거라고 덧붙였다.

지난 밤 나는 리셉션에 가도 괜찮을지를 수십 번도 더 고민하며 누워 있었다. 내가 문을 열고 나갈 때 그들이 제지하지 않을지 확신할 수 없었고 내 자리 주변에는 내 물건들이 널려있었다. 중요한 물건들을 챙겨서 나갈 여력도 없었지만 무엇보다 그런 소란이 세 차례나 반복될 거라고는 예상도 할 수 없었다. 내가 알고 있는 그들의 숫자욕을 외쳐줄까 싶다가도 어떻게든 그들을 화나게 해서는 안 된다고 생각했고, 그 결과 나는 계속 그들의 동태를 살피며 자리를 지키고 있을 수밖에 없었다.

그들과 다시 마주치고 싶지 않아 호스텔 식당에서 천천히 아침을 먹고 방에 돌아오니 침대맡에 레드불 두 캔이 놓여있었다. 이게 나름의 사과인 건가 어이가 없었지만 한편으론 무례하고 술 취한 프렌치 놈들에게 더 끔찍한 일을 당하지 않아 천만다행이라는 생각이 무력하게 지나갔다. 방 한 켠에서 스탭은 고개를 절레절레 흔들며 부서진 락커를 고치고 있었다. 무섭고 요란한 부활절 연휴였다.

마침 그날은 Balmoral 호텔 애프터눈 티세트를 예약해 둔 날이었다. 당일 취소를 할 수는 없으니 터덜터덜 호텔에 있는 티룸 Palm Court으로 향했다. 환한 공간에 앉아 신선한 딸기잼과 차가운 클로티드 크림을 얹은 스콘을 베어 물고 따뜻한 차를 머금는 동안 하프 연주가 시작되었다. 사락사락 공간을 어루

만지는 누군가의 손길에 그제서야 스르르 눈물이 흘렀다.

　그날은 다행히 많은 여자 투숙객들이 체크인을 했다. 그 중 독일인 루이자는 자기도 어제 이 방을 배정받았는데 스탭이 여기에 남자들 무리가 투숙할 예정이니 이 방에 있을지 아니면 하루만 다른 방에 있다가 올지를 물어봐 주었다고 했다. 대체 2주를 예정으로 묵고 있는 나에게는 왜 아무런 언질을 주지 않은 건지 이것도 일종의 인종 차별인 건가 잠시 생각하다 오후 일찍부터 이불을 덮고 어제 못 잔 잠을 청했다. 다시 평화로운 일상이 돌아왔다고 생각하니 그것만으로 무척 평온한 기분이 들었다.

　그날 이후로 남자 투숙객들만 방에 배정되는 일은 없었고 얼마 지나지 않아 나는 다시 불어 문제집을 펼칠 수 있게 되었다. 불어 선생님에게 카톡으로 '닥쳐!' Ta gueule!라는 말을 물어본 후에.

River Ouse ~~~ York *10 days*

처음으로 장기 체류의 기분을 느꼈던 요크에서는 이런저런 시행착오를 겪으며 열흘의 시간을 보냈다. 집 안에서는 영 높이가 맞지 않는 고풍스러운 책상을 뒤로 하고 정원이 보이는 식탁으로 작업 공간을 옮겼고, 나흘째가 되어서야 용기를 내어 동네 펍의 문을 열어젖혔다. 그러고는 맛있는 맥주와 의외로 훌륭한 음식에 감탄하며 거의 매일 같이 The Lighthorseman을 찾았다.

'해리 포터'를 찾는 현상수배 전단이 붙어있는 4월의 요크에서는 길을 걷다 보면 총총 피어있는 수선화와 결연한 표정의 거위를 어렵지 않게 찾을 수 있었다. 평일에는 거위와 함께 우즈-그들은 워우즈라고 발음하던-강가를 거닐고 주말이 오면 Museum Gardens를 찾았다. 활기가 넘치는 공원에서 쉬고 있는 이들을 보는 게 좋아서 이때부터 주말은 '공원에 가는 날'이 되었다.

Jay의 'My Own City, York'에서 누군가는 Museum Gardens에서 인종 차별을 당했다고 했지만 아무것도 모르는 여행자는 공원 벤치에 누워 한가로운 오후를 보냈다. 그렇지만 길을 걷다가 차에 탄 누군가가 "Hey, beauty!"라고 외치는 소리에 걸음을 빨리하고, 십 대로 추정되는 남자애가 뒤에서 "와악!" 놀래키는 바람에 우악! 소리를 지르게 되었다. 모두 대로변에서 일어난 일이었다. 그나마 저 남자애가 나보다 앞서 가던 영국 할머니에게도 같은 수법을 사용하기에 '인종' 차별은 아닌 건가 잠시 생각했지만 이내 버스 정류장에서 나는 할머니와 상한 마음을 나누어야 했다.

집에 돌아오면 치명적인 고양이 타미가 있었다. 집안과 정원을 바삐 오가는 타미는 창 너머로 눈이 마주치면 가던 길을 멈추고 돌아와 내 배와 다리를 꾹꾹 눌러가며 자리를 잡고 내 몸 위에서 스르륵 잠이 들었다. 내게 잡은 새를 선물해 주기도 했던 타미는 내가 요크를 떠나는 날, 마지막까지 트렁크 옆에서 몸을 굴리며 이별의 아쉬움을 더했다.

~~~ 수변, 네 번째

Damien Rice, 그리고 5월

 더블린에 도착해 갈색, 노란색의 건물을 보며 추운 공기를 느끼던 순간, 문득 Damien Rice의 노래가 스쳤다. 깔깔이도 비니도 이제는 마지막이구나 하며 에든버러의 쇼윈도에 비친 내 모습에 안녕을 고했는데 더블린은 에든버러보다 확실히 추웠다. 런던의 으슬으슬한 바람, 요크의 서늘한 한기, 에든버러의 정신 없이 밀려드는 냉랭한 바람을 모두 평정할 만큼 4월 말의 더블린은 무척 추웠다. 흡사 초겨울 같은 날씨였다. 먼저 와 있던 사람들은 갑자기 이상하게 기온이 내려갔다고 했지만 이상 기온은 꽤 오랫동안 이어졌다.
 호스텔 안 라디에이터는 작동되지 않았고 그 밖에 어떠한 난방 시설도 없는 도미토리 안은 흡사 겨울 방학을 앞둔 교실 같았다. 깔깔이를 입고 담요와 이불을 동시에 덮어도 실내 가득 한기가 느껴졌다. 실내서도 밖에서도 웃 추위 소리가 절로 나오는 곳에서 나는 계속 Damien Rice의 노래를 생각했다.

며칠이 지난 저녁, 호스텔 탁자에 앉아 글을 쓰는 데 문득 'The Blower's Daughter'가 흘러나왔다. 그의 목소리는 바닥을 닦는 세제 냄새와 누군가 만드는 각종 치즈며 고기 냄새가 뒤섞인 틈으로 스며들어 온전히 공간을 채웠다. 이어서 '9 Crimes'의 피아노 연주가 흘렀다. 더블린의 시간에 꼭 들어맞는 그의 노래가 좋아서 나는 버스 안에서, 바람 부는 거리에서 다운받은 노래를 반복해서 들었다. 그리고 뒤늦게 쌀 아저씨가 아일랜드 사람이라는 걸 알았다. 신기하게도 그의 목소리와 기타 연주에서는 흐릿하면서도 따스한 더블린 거리의 색이 흘렀다.

더블린에서 그의 노래를 들으면 좋을 것 같아서 그의 공연 일정을 찾아보았다. 아쉽게도 내가 머무는 동안 그의 동선은 저만치 떨어져 있었다. 사실 2016년 봄에, 서울에서 그의 목소리를 들을 기회가 있었다. 서울 재즈 페스티벌의 전야제에 Kings of Convenience가 온다는 소식을 듣고 부랴부랴 예매를 했는데 그 전야제의 마지막 순서가 바로 쌀 아저씨였다. 고대하던 편리왕의 기타 소리에 마음을 녹이고 잔디밭에 앉아 동료 T와 하이네켄 생맥주를 마시는 것까지는 좋았지만. 나는 결국 Damien Rice를 보지 못하고 공연장을 나와야 했다.

금요일 밤에 올림픽 공원에서 종로로 돌아가는 길은 멀었다. 그 길을 따라 길게 이어지는 한강을 밑없이 바라볼 뿐이었다. 다시 회사로 돌아와 책상 위에 페스티벌 팔찌를 풀어놓으니 내가 정말 페스티벌에 다녀온 건지 실감이 나지 않았다. 집으로 돌아가는 길에 찾아본 사람들의 SNS에는 그가 'The Blower's Daughter'를 부르는 영상이 하나둘 올라와 있었고, 그의 무대는 무척이나 아름다웠다. 아득하게 먼 이곳에서 쌀 아저씨의 노래를 들으며 작년 5월을 추억하려니 금요일 밤에 회사로 되짚어 돌아가야만 했던 일상이 참 낯설게 느껴졌다.

영화 '원스'에서 '그'가 기타를 치며 노래를 부르고 '그녀'가 꽃을 팔던 거리, Grafton Street에 작약이 보여 5월을 실감했다. 마침 작업복을 입은 사람들이 거리를 돌아다니면서 May Day! May Day! 외치고 있었다. 그 거리에서, 친하게 지내던 후배 P와 카톡을 했다. 퇴사를 고민하는 그녀의 이야기와 버스킹 음악이 흐르는 이 거리는 묘하게 동떨어져 있었다. 꽃을 좋아하는 그녀에게 작약 사진을 보내 주고 싶어서 얼른 M&S 카페 건물로 들어갔다. 색색의 작약은 와이파이를 타고 그곳으로 전해졌다.

근로자의 날엔 쉬지 않더라도 어린이날과 석가탄신일 휴일을 앞두고 이런저런 기대를 품으면 여지없이 일이 떨어졌다. P는 오늘도 1시 반부터 5시간 동안 회의를 했는데 결국 연휴 내내 일을 해야 하는 것으로 결론이 났고 상대 회사 역시 "우리 직원들은 연휴 없이 모두 일할 거니까요."라는 말을 했다고 전했다. 퇴사를 두고 과연 잘한 선택일까 고민하던 그녀는 그 순간 이런 건 역시 정말 싫다는 생각이 들었다고 했다. 길가에 울리는 '메이데이' 소리가 무색했다. 그리고 머리가 무거웠다.

내가 싫은 건 다른 사람도 싫을 테니 되도록 삼가는 태도와 나는 싫어도 남에게 시킬 수는 있다는 심보 사이에는 너른 간극이 존재한다. 내가 회사를 나올 수밖에 없었던 이유도 그 간극 사이 어딘가에 있었다. 여행을 하며 만난 많은 사람들은 평일 9시-5시 근무를 하며 퇴근 후에는 정확히 자기의 시간을 가졌다. 5시에 문을 닫는 갤러리며 카페에서는 남은 사람들이 정리하는 시간을 가질 수 있도록 적어도 마감 10분 전에는 자리를 비켜주는 것이 통례였다. 나도 너도 우리 모두 얼른 일을 끝내고 집에 가서 쉬고 싶으리라는 그 마음을 알아주는 것. 다른 수치나 지표를 거론하지 않아도 주말에도 일하고 새벽에도 일했다는 말에 이들이 짓는 표정을 볼 때 나는 대한민국의 위상을 실감할 수 있었다.

스산한 거리에 퍼져 나가는 몽환적인 버스커의 목소리는 아름다웠고 추운 날씨에 피어난 작약은 겹겹이 탐스러웠다. 갤러리에서도 P의 이야기는 계속되었고. 점심에 삼각김밥 한 개를 먹고 계속 일한 P는 결국 11시가 넘어서야 집에 돌아가 누룽지를 끓여 먹는다고 했다 메이데이를 잎둔 날이었다.

나를 좋아하는 것

'그런데 왜 그만두게 된 거예요?'

여행을 하는 동안 누군가 물어올 때가 있었다. 물잔을 찰방찰방 채워 나가는 물처럼 역치에 다다르는 자잘한 사건들도 있었고, 발목이 부러진 탓도 있었다. 명절과 3일이 붙은 휴일이면 여행을 떠나고 배우고 싶은 취미 활동을 하나씩 늘려가며 스트레스를 다독이고 있었지만 문제는 더욱 근원적인 데에 있었다. 일을 하는 동안 나는 점점 작아지고 있었다.

일을 시작한 지 일주일 정도 되었을 즈음, 문득 떠오르는 영화의 장면이 있었다. '센과 치히로의 행방불명' 속 마녀 유바바로부터 '센'이라는 이름을 부여받은 치히로에게 하쿠가 당부하는 말이었다.

'네 이름을 절대 잊지마. 네 이름을 잊어버리면 영영 이 세계에서 빠져나갈 수 없어'.

회사에서는 이력서 기재와 면접에도 불구하고 내가 관심 있는 분야와 전혀 다른 업무가 주어졌고, 갓 입사한 내가 알 수 없는 새로운 알력이 생성되고 있었다. 그 사이에 치여서 새우등이 터질 때쯤 상사들을 제외한 내 위의 선배들은 하나씩 모두 회사를 나갔다. 그 후 선배들을 대체할 누군가를 영입해주겠지 하는 막연한 기대는 내가 일을 그만둘 때까지 이뤄지지 않았다. 대신 회사는 해가 바뀌고 나서야 또 다른 상사와 신입들을 고용했다. 상사들은 이제 햇수로 2년차가 된 나에게 최고 선임으로서 모범을 보여야 한다고 했고, 오히려 다른 곳에서는 4, 5년차가 해야 하는 일까지 미리 하게 될 테니 얼마나 좋은 기회냐고 부추겼다. 그러나 그 말은 마치 식당에서 3인분 같은 1인분을 달라는 억지처럼 들렸다.

언제나 급작스럽게 주어지는 업무와 그보다 더 예기치 못한 순간에 쏟아지는 상사들의 짜증 속에서도 나는 원래의 이름을 기억하려고 노력했다. 이 세계에서 나를 온전히 잊어버리고 싶지는 않았다. 어느 날 상사 1은 내가 책상 위에 올려놓은 하루키 책을 흘끗 보더니 '이건 쓰레기야!' 단언했고, 상사 2는 언제든 부담 없이 일을 줄 수 있게 개인 시간을 줄이고 책상에만 붙어 앉아 있으라고 말했다. 운동을 뭐 하러 하는데, 일본어를 뭐 하러 배우는데, 대학원을 뭐 하러 다니는데 등등의 질문은 의문문이 결코 아니었지민, 일본어 관련 업무를 하고 대학원생 아이디로 논문과 해외 자료를 찾아야 하는 건 당연한 나의 몫이었다. 살쪘다는 잔소리를 들어야 하는 것도.

해가 바뀌고 연차가 쌓여도 새로이 알아가야 하는 일은 많았고 팀의 규모에 맞지 않는 무리한 크기의 일들이 자꾸만 주어졌다. 이따금 상사들에게도 생소한 분야의 일이 떨어질 때면 그들은 자신의 불안을 밑으로 전가하며 사무실 내의 압력을 높였다. 그 속에서 철야를 이어가며 끙끙대고 있는 내 모습은 꼭 옷가지를 욱여넣은 세탁기 같았다. 쉭쉭거리며 밤새 돌아가는 세탁기. 가득 밀어 넣은 세탁물을 꾸역꾸역 돌리는 일이 잦아질 때마다 나는 세탁이 점점 버거워지기 시작했다. 갑작스레 울리는 전화와 이메일에 놀라고, 평상시에도 양 어깨 가득 힘을 주고 있는 날이 계속될수록 나는 점점 자신감을 잃어가고 있었다. 그리고 그것은 단지 자신감의 상실만이 아니라, 나는 여기서 왜 이러고 있는 거지 - 하는 의문으로 이어졌다.

내가 생각하는 나의 좋은 면모와 내가 좋아하는 것들은 세탁일과 거리가 있어 보였다. 그리고 회사는 더욱더 나 자신을 버리고 밤낮없이 일에 충실해 주기를 바라고 있었다. 명절에 여행지에서 카톡으로 일을 받고, 퇴근 시각이 한참 지난 때에 지금 어디냐는 이야기를 들으며 네, 알겠습니다‐를 반복하는 동안 내가 사는 방식과 나 자신이 점점 싫어지는 것을 느꼈다. 그러는 동안 직장을 그만두고, 새로운 결단을 내린 사람들이 맞이하는 다채로운 일상을 보고 있노라면 이러다 영영 바라보기만 하는 사람이 되어버릴 것 같았다. 만일 이대로 시간이 더 흐르면 결단을 내리지는 못하면서 그 사람들의 최후가 어떻게 될지 그 결말을 주시하는 고약한 사람이 될 것도 같았다.

스스로가 더 싫어지기 전에, 나를 잃어버리기 전에 '센'의 세계를 나와 다시 낯선 곳에 머무르는 동안. 처음 보는 이들은 아무렇지 않게 내게 왜 이곳에 오게 되었는지 물었고, 일에 완전히 지쳤고 글을 쓰고 싶어서‐라는 내 대답에 쉬이 고개를 끄덕여주었다. 외려 그들의 관심은 대체 왜 일을 그만두었는지가 아니라 내가 어떤 글을 쓰고 싶은지에 있었다.

요크에서 만난 영국인 다니엘은 "과연 잘한 선택이었나 하는 생각은 의미가 없어. 다시 그 때로 돌아가도 넌 같은 선택을 할 테고 그 선택을 하기까지 너는 숱한 고민을 했을 거야. 그러니까 그건 내릴 수 밖에 없었던 선택인 거고 그 선택을 뒤돌아볼 필요는 없어."라고 내 눈이 동그래지는 말을 건넸고. 에든버러의 12인실 호스텔에서 윗몸 일으키기를 하고 있는 내게 그렇게 하면 허리 다쳐‐하면서 운동 시범을 보여

주던 폴란드 언니는 너무 급작스러워서 이름을 물어보지 못했다. 자기도 같은 일을 했다면서 "그래, 우리는 Rat Race를 계속할 필요는 없어. 이건 너의 인생이야."라며 내게 악수를 청했다.

그 밖에도 지금껏 만날 일이 없었고 다시는 만나지 못할 많은 이들이 내게 잘한 결정이라고 고개를 끄덕여주었다. 그리고 그들의 고마운 격려가 아니더라도 매일 마주하는 내 얼굴이 나에게 일러주고 있었다. 이제 나를 잃지 않아도 되는 곳에 와 있다고. 더 이상 나를 누르고 숨겨두지 않아도 된다고 형형한 내 눈동자는 말하고 있었다.

처음으로 정해진 궤도에서 벗어나 스스로 정한 여정을 계속할수록 이곳에 있을 수 있어서 다행이라는 생각은 언제나 곁을 떠나지 않았다. 다시 어떻게 돈을 벌어야 할지 현실적인 고민에서 자유로운 날은 없었지만 적어도 나는 내 인생에 있을 리 없다고 생각하던 시간을 살고 있었다. 내일은 어떤 하루를 살게 될지 기대감에 기분 좋게 잠들고 알람 없이도 웃으며 일어나는, 내가 살아본 적이 없는 시간을. 그 시간 속에 있는 내가 그저 좋았다. 무척 오랜만에 느껴보는 감각이었다.

모든 깨어진 관계가 그렇듯 몇 가지의 요소가 조금 달랐더라면 나는 결단을 내리지 못하고 조금 더 주저했을 것이다. 법정 휴가가 주어졌다면, 농담 같은 진담과 의문문 같은 책망이 조금만 덜했더라면, 회사의 구조가 개선되거나 규모에 맞는 일이 주어졌다면, 사람을 부리는 대신 같이 일을 하는 곳이었다면 월급으로 지친 어깨를 누르며 나는 조금 더 버티고 있었을 것이다. 그렇지만 흐려지는 이름처럼 사라져가는 눈빛을 계속 외면할 수는 없을 것이었다.

별에 반짝이는 강물을 한없이 바라보는 동안, 조금씩 빛을 잃어가던 내 눈은 다시 일렁이기 시작했다. 정해진 월급날도 보장된 미래도 없었지만 강제로 주어지는 업무도 내 이름을 빼앗은 유바바의 감시도 없었다. 이제까지 힘겹게 통과해 왔던 생의 어느 단계를 지났을 때보다도 지금이 가장 좋았다. 시간에 쫓기지 않고 쓰고 싶은 글을 쓸 수 있는 하루하루가. 나는 그 안에서 길게 호흡하고 타박타박 생각을 잇고 미간 주름을 편 채 잠들었다.

그리고 작아져 있던 나에게 찬찬히 숨을 불어넣었다. 고른 숨을 쉴 수 있게 되자 마음에도 천천히 생기가 돌았다. 곁에 두고픈 것들 틈으로 가까이 다가갔을 때 나는 비로소 내가 될 수 있었고 그 사이에 있는 내 모습은, 낯설게도 무척 마음에 들었다. 앞으로도 계속 그렇게 있고 싶을 만큼.

North Sea ~~ Edinburgh *13 nights*

 Edinburgh Waverley 역에 내리자마자 정면에서 바람이 불어왔다. 정신 없이 부는 바람을 맞으며 오르는 언덕길에는 꺾어지는 곡선 가득 오래된 벽돌 건물이 늘어서 있었다. 그 모습에 양 손으로 트렁크를 밀면서도 우와 소리가 절로 나왔다. 알고 보니 매일 오갔던 그 동네의 이름이 바로 Old Town이었다.

 올드타운 여기저기에는 심심치 않게 타탄체크 문양이 눈에 띄었고 이따금 전통 Celtic 의상을 입은 남자들의 백파이프 연주가 거리를 채웠다. 혹시나 싶어 가져온 장갑을 꺼내고 추위에 시달릴 귀때기를 비니 안으로 넣으면 4월의 에든버러 바람 속을 걸어갈 힘이 생겼다. 그러고 보니 너도 나도 비니를 쓰고 있었다. 그제서야 이곳 사람들의 비니는 단지 패션을 위한 것이 아니라는 생각이 들었다.

 올드 타운에서 번화가로 나아가다 보면 웅장하게 자리한 에든버러 캐슬을 지나 이윽고 바다가 보였다. 시내에서 힘들이지 않고 매일 바다를 마주할 수 있다는 건 마음 한 켠에 기댈 곳을 품고 있는 듯했다. 칼튼 힐Calton Hill에도, 홀리루드 공원에도 흐

드러지게 피어있는 노란 Gorse 꽃에서는 코코넛 향과 비슷한 내음이 났고. 언덕에 서서 바다를 바라보고 있으면 4월의 바람이 달큰한 꽃내음을 흩뿌리고 지나갔다.

 바다를 곁에 둔 에든버러에서는 매일 같이 연어를 마주하고, 굴에 위스키를 흘려 먹다 위스키 맛에 살포시 발을 들였다. 그러고 보니 스코틀랜드에서 먹은 Fish & Chips는 고개를 들어보면 그 거대한 튀김이 다 어디로 간 건가 싶을 정도로 모두 무척 탐스러웠다.

 에든버러를 떠나는 날, 마지막으로 찾은 '해리 포터'의 성지 'The Elephant House'에서 조앤 롤링의 사진과 스크랩된 기사보다 오래 기억에 남은 것은 화장실 안을 가득 메운 팬들의 글귀였다. 에든버러를 뒤로 하는 길목에서 첫날 힘들게 올라왔던 커브길은 내리막이 되어 트렁크는 돌돌돌 굴러갔지만 어쩐지 마음만은 쉽게 떼어지지 않았다.

~~~ 수변, 다섯 번째

기네스Guinness의 맛

영화 '원스'의 분위기와 더불어 더블린에 가보고 싶었던 또 하나의 이유는 본토에서 마시는 기네스의 맛이 다르다는 이야기 때문이었다. 로사쌤의 요리 수업에서 기네스는 아일랜드에서 마시는 것이 제일 맛있고 아이리시 해를 건너는 것만으로 맛이 변해 영국에서 마시는 기네스조차 그 맛이 다르다는 얘기를 들은 적이 있었다. 당시에는 정말요? 하며 고개를 갸웃했지만 그 후로 기네스를 마실 때마다 아일랜드에서 마시는 기네스는 정말 다른 맛일까 호기심이 일었다.

에든버러에서 더블린으로 넘어간 첫째 날, 추위와 피곤이 겹쳐 술을 마시기에 좋은 상태는 아니었지만 거리 곳곳 얼굴을 내민 기네스 간판에 이끌리듯 들어가 결국 기네스 한 잔을 시키고 말았다. 기네스가 기네스겠지 하고 마신 기네스의 맛이 뭔가 달랐다. 왠지 뒷맛이 더욱 진한 느낌이었다.

아무래도 기네스 공장Guinness Storehouse에 가서 다시 먹어 봐야지 하고 호스텔에 돌아오니 방에 있는 애들이 기네스 공장에 너도 갈거지? 하면서 자신들의 후기와 함께 아침 시간대 예약이 가장 싸다는 정보를 전했다. 술은 아침이지 - 라면서. 과연 아침 시간 입장료가 오후보다 기네스 한 잔 가격 정도 저렴했다. 다음날 애들에게 나 09:45 회차로 예약했어 - 얘기하니 모두 대단하다는 표정을 지어 보였다. 알고 보니 아침 시간대를 예약한 사람은 내가 유일했다. 다들 아침에 다녀온 줄 알았건만.

어느덧 기네스의, 기네스에 의한, 기네스를 위한 날이 밝았다. 팬시리 옷을 하양 까망으로 맞춰입고 아침부터 나선 길목엔 기네스 공장 화살표를 따라 걷는 사람들이 나 말고도 꽤 있었다. 온갖 설명과 장치를 구경하고 나서 이윽고 등장한 기네스 따르기 체험장Guinness Academy 앞에서 나는 잠시 망설이다가 그 안으로 들어갔다.

잔을 45° 기울여 기네스를 3/4 지점까지 따르고 약 2분 정도119.5초라고 기다린 후 표면이 봉긋해질 때까지 거품을 따르는 'Top up' 과정을 거치면 완성이었는데, 생각보다 기네스가 글라스에 예쁘게 채워졌다. 보기 좋게 솟아오른 하얀 거품을 보면서 뒤늦게 지금껏 몰랐던 소질을 발견한 건가 잠시 생각했다. 안 그래도 펍에 온 사람들을 한 명도 빼놓지 않고 쿨하게 챙기는 바텐더 언니들을 동경하던 차였는데.

체험으로 끝나는 줄 알았는데 "Enjoy your pint!" 라기에 맛을 보자 크리미한 부분도 조금 달랐다. 보드라우면서도 더욱 크리미하게 시작해서 진한 뒷맛으로 마무리 되는 기네스의 맛에 나는 훅 빠져들고 말았다. 내친 김에 아래층에서 사둔 기네스 감자칩도 뜯고 꼭대기 층에서 더블린 시내를 내려다보며 다시 한 잔을 받아 마셨다. '다르긴 뭐가 달라' 싶던 의구심은 '과연 다르다'는 감탄으로 변했고 나는 기네스 공장에 딸린 펍에 들어가 세 잔째의 기네스마저 시키고 말았다. 아침 시간대 할인으로 아낀 돈을 다시 기네스에 환원한 셈이었다.

펍의 메뉴는 기네스에 어울리는 음식들로 구성되어 있었다. 보리 맛이 나는 기네스 빵에 생굴, 비프 스튜까지 먹고 나니 조금씩 취기가 밀려왔다. 얼굴은 Guinness Academy에서부터 이미 벌개져 있었다. 머리가 어질어질한 가운데에도 몇 개의 기념품을 담아 넣고 돌아가는 길에는 비가 내리기 시작했다. 차창을 긋는 빗줄기를 보면서 나는 어떻게든 무사히 호스텔에 돌아가야 한다고 되뇌었다.

침대로 돌아와 눕자 머리가 핑핑 돌았다. 그러고 보니 기네스를 1.5ℓ정도 마신 것 같았다. 그날 오후 내 낮잠을 자면서 체크인을 하는 이들에게 술 냄새를 풍기며 자고 있는 내가 대체 어떻게 보이려나 하는 생각을 했다. 그것만 제외하면 무척 뿌듯하고 기분 좋은 하루였다.

 그 후 더블린 사람들은 기네스에 블랙커런트 시럽을 곧잘 넣어 마신다는 얘기를 듣고 템플바 골목에서 시도해 보기로 했다. 혹시 블랙커런트 시럽을 넣어 주실 수 있나요? 라는 조마조마한 물음에 흔쾌한 대답이 돌아왔고 달달쌉싸름하게 어우러지는 시럽 맛에 길들여져 그 후로는 계속 블랙커런트를 넣은 기네스를 주문하게 되었다. 블랙커런트를 넣은 기네스를 들고서 템플바Temple Bar 안을 가득 메운 사람들과 보았던 공연을 마지막으로 나는 더블린을 떠나야 했다. 본토의 기네스를 남겨 두고서.

 '설마 그렇게 다르겠어?' 하는 가벼운 마음으로 런던에 돌아와 템스강이 바라보이는 펍에서 다시 기네스를 주문했다. 꼭 같은 모습으로 따라진 기네스를 들고 자리로 돌아가기 전 한 모금을 마시는데 어라, 조금 맛이 달랐다. 왜 덜 맛있지? 하며 다시 자리에 앉아 차분히 기네스를 마주해도 역시나 그 맛이 아니라는 생각이 들었다.
 블랙커런트 시럽을 혹시 넣어줄 수 있느냐고 묻자 블랙커런트 시럽은 없고 크랜베리 무슨 시럽이 있다고 했다. 그거라도 넣어 달라고 해서 뿌려진 크랜베리 시럽은 어딘가 기네스와 조화롭게 섞이지 못한 채 기이한 존재감을 드러냈다. 문득 더블린의 시간이 그리워졌다. 모두가 신중하게 기네스를 따르던 더블린의 수많은 펍이.

파리에 있는 동안에도 기네스를 시킨 적이 있었다. 퐁피두 센터에 다녀오면서 기네스 간판을 보고 오랜만에 기네스나 한 잔 할까 하고 들어간 곳이었다. 아저씨가 고이 따라준 기네스는, 그날의 날씨와 나의 상태, 서빙을 해준 아저씨의 상태, 그리고 그곳에 있는 기네스의 상태를 모두 고려하더라도 이 맛이 아닌데 싶었다. 런던에서 마셨던 기네스하고도 또 다른 맛이었다. 결국 오랜만에 받아 든 기네스를 반도 마시지 못하고 내려둔 채 조용히 바를 나왔다. 그 후로 유럽에 머무는 동안 기네스를 시킬 마음은 좀처럼 생기지 않았다.

런던이나 파리에서도 기네스를 내어줄 때는 일단 한번 적정량을 채우고 잠시 텀을 두었다가 다시 Top up을 하는 과정은 동일했다. 그러나 많은 손님들을 상대하는 와중에 수종의 맥주 중에서 기네스 하나만을 특별 대우하기란 꽤 번거로운 일일 것이었다. 더블린은 자국의 맥주라는 자부심에 더해 인구수 대비 술집이 가장 많은 도시라는 이점으로 어딜 가나 고유의 방식을 지켜 기네스를 대하는 느낌이었지만 다른 곳은 그에 비해 세세한 방식에서 조금 차이가 나는 듯 보였다. 중간에 잠시 기다리는 텀이 너무 짧거나 반대로 너무 길거나.

기네스의 맛 자체도 사뭇 달랐지만 너블린을 벗어난 후에는 어디에서도 그때의 블랙커런트 시럽을 찾을 수가 없었다. 진하고 쌉싸름한 기네스에 달콤하면서도 쓴 블랙커런트가 녹아 드는 그 맛을 잊지 못하고 영국에 있는 동안 몇 차례 더블린행 비행기편을 검색하기도 했지만 결국 다시 더블린에 가는 일은 생기지 않았다. 세상에서 가장 싸고 맛있는 기네스를 진지하게 내어주는 그곳으로 언젠가 꼭 다시 갈 수 있기를 바라면서 요리 수업에서 들은 이야기에 슬며시 힘을 실어본다. 아일랜드에서 마시는 기네스가 가장 맛있다는 말은 참말이라고.

더블린에서 자전거 로망을

마음이 답답할 때면 종종 자전거를 타러 갔다. 자전거에 익숙하지 않을 때는 이인용 자전거의 뒷자리에서 고개를 젖혀 하늘을 보았고 어느 순간부터는 어떻게든 혼자 자전거 페달을 밟아 나갔다. 가장 좋아하는 구간은 뚝섬 유원지에서 한강을 옆에 두고 서울 타워를 바라보며 달려가는 길이었다. 한강변을 끼고 달리다가 중간에 서울숲으로 빠지는 루트도 근사했다. 시험이 그리고 취직이 마음대로 되지 않고, 인간관계가 내 맘 같지 않을 때 나는 7호선을 타고 뚝섬 유원지를 찾았다.

일산에 살았을 때에는 곧잘 자전거를 타고 호수 공원을 돌기도 했는데 일을 시작하고부터는 틈을 만들기가 어려웠다. 너무 춥거나 덥지 않고 미세 먼지가 적은 날이 돌아오면 주말 출근이 잡히거나 다른 일정이 생겼다. 소개팅이 있는 날은 복장의 제약 때문에 자전거를 접어야 했지만 차라리 혼자 자전거를 타러갈 걸 그랬다 싶을 때가 많았다. 시간이 흐르고 여름과 겨울은 참 금방 찾아와서 퇴사하기 전 마지막 2년 동안은 결국 한 번도 한강변을 달리지 못했다.

그러다 2015년 여름휴가지에서 오랜만에 자전거 로망을 실현할 기회가 생겼다. 제주도조차 다녀올 수 없었던 고시생 시절 떠나고 싶은 마음을 가득 담아 'Tour de Monde' 잡지를 넘기면 작은 원룸은 로테르담과 로바니에미, 베를린으로 채워졌다가 다시 깊은 한숨으로 사라지곤 했다. 독서실 책상에서 고개를 들면 머리 위로 유레일 열차가 지나갔고, 그럴 때면 당시의 남자친구에게 나 유레일 여행 진짜 하고 싶어 - 라는 말을 던졌다. 그때 눈에 들어왔던 곳이 벨기에의 브뤼헤Brugge였다. '광장에서 맛있는 감자튀김을 먹고 자전거를 빌려 동네를 빙 둘러보기에 더없이 좋은 마을'이라는 문장이 가슴에 콕 들어왔다.

그리고 7년이 지나 드디어 브뤼헤에서 자전거와 감튀 로망을 마주하게 되었다. 7박 9일의 일정을 쪼개어 런던에서 브뤼셀로 다시 브뤼헤로 넘어와 제일 처음 한 일은 감자튀김 트럭 앞에 줄을 서는 것이었다. 점심으로 마요네즈를 듬뿍 얹은 브뤼헤의 감튀를 받아 들고 마르크트 광장 계단에 앉았다. 맥주랑 먹는 감튀가 너무 맛있어서 큰 사이즈를 다 먹고도 종이와 나는 근데 케첩이랑 먹으면 어떨까? 잠시 마주보고는 다시 작은 사이즈로 케첩이 뿌려진 감튀를 하나 더 받아왔다. 적당히 바삭 녹진하고 아무리 먹어도 질리지 않는 감튀의 로망을 가득 채우고 드디어 자전거 대여소로 발걸음을 옮겼다.

  호텔에서 표시해준 지도를 들고 예쁜 골목 사이를 지나가니 저만치 자전거 팻말이 보였다. 드디어 브뤼헤에서 자전거를 타게 된다니. 들뜬 마음과 낯선 거리를 달려야 한다는 긴장감으로 안장에 오르는 순간, 뭔가 느낌이 안 좋았다. 그러니까 안장이 너무 높았다. 자전거를 탈 줄은 아는 정도의 초보자에게 겨우 발끝이 지면에 닿는 높이는 공포 그 자체였다. 이거 너무 높은데요 - 하면서 다시 대여소로 돌아가니 그게 제일 낮은 거라는 답이 돌아왔다. 아무리 다리 긴 유럽인들이라지만 내 키가 그렇게 작은 키는 아닌데.

  그래도 로망 실현을 위해 페달을 굴려 봤지만 슥슥 나아가는 궤도에 오르기도 전에 휘청이며 다시 까치발을 짚게 되기 일쑤였다. 그도 그럴 것이 8월의 브뤼헤는 자전거로 달리기 좋은 거리가 아니라 수많은 인파와 버스, 마차와 자전거가 너나 할 것 없이 지나다니는 인기 관광지였던 것이다. 설상가상으로 안장마저 벌칙처럼 엉덩이를 계속 찔러서 현실은 로망에서 한참 빗겨난 모습이 되어가고 있었다. 결국 자전거를 엉거주춤 끌고 다니다가 30분 만에 반납하고 말았다. 나 때문에 덩달아 제대로 타지도 못한 동생. 브뤼헤의 예쁜 골목에서 페달을 구르는 로망은 그렇게 끝이 났다.

이곳, 더블린에는 자전거를 탄 사람이 여기저기 참 많이 보였다. 자전거로 출퇴근, 등하교를 하는 이들은 아예 두 손을 놓고 무료한 듯 발을 구르거나, 한 팔에 서류 꾸러미를 안고 꽃다발을 쥔 다른 손으로 핸들을 붙잡은 채 각자의 길을 나아갔다. 한 손을 핸들에서 놓을 수도 없고 오르막에서 엉덩이를 드는 것조차 쉽지 않은 자는 그저 입을 벌리고 경이에 찬 눈길로 그들을 바라볼 뿐이었다. 낯선 길을 차와 함께 달리는 것 역시 쉬운 일이 아니어서 이번 여정을 앞두고는 자전거 로망에 대한 생각을 일체 하지 않았다. 이번 여행의 목표는 어디까지나 '무사 귀국'이었으므로.

그런데 더블린 맛집을 검색하다가 더블린에 커다란 공원이 있다는 사실을 알게 되었다. 그리고 그 드넓은 공원 입구에 자전거 대여소가 있다는 사실도. 때마침 한창 '윤식당' 바람이 불고 있었고 내 마음을 사로잡은 것은 마더소스에 볶아지는 불고기만이 아니었다. 매일 가벼운 차림으로 자전거에 오르는 윰블리 언니와 신나게 길리 섬을 가로지르는 이상무를 보고 있으면 너무나도 자전거의 흐름을 느끼고 싶었다.

아무래도 안 되겠다며 큰 마음을 먹고 Phoenix Park로 향했다. 지나가던 언니한테 그리고 점심을 먹었던 공원 티룸의 언니에게 자전거 대여소를 물어봐 놓고선 막상 대여소에서 자전거 빌릴게요 - 말을 꺼내기가 두려웠다. 괜찮을까 괜찮겠지 - 마음을 다잡으며 형광 주황빛의 조끼와 헬멧을 받아 들고 숙소에 두고 온 여권 대신 한국 운전면허증을 맡겼다. 대여소 아저씨는 내 골반 높이에 맞춰서 안장을 조절해 주었고 브뤼헤에서의 난감한 기억과 달리 더블린의 자전거는 내 키에도 잘 맞았다. 너무 오랜만의 자전거라 초반에는 살짝 갈지之자를 그렸지만 나는 이내 슥슥 페달을 구르기 시작했다.

밟아도 밟아도 끝이 보이지 않는 공원 안에는 차와 버스가 지나다녔고 가끔 로터리가 나올 때마다 자전거 도로와 차도가 맞닿는 지점이 있었다. 다치면 안 된다는 긴장감과 함께 간간이 차가 오는지 확인하느라 달리는 내내 배에 힘이 들어갔지만 곧게 뻗은 자전거 도로 양 옆으로 기다란 녹음과 파아란 하늘이 넘실거렸다. 그러다 틈 사이로 꺾어지는 길을 만나면 무성한 풀밭과 함께 시원한 내리막이 이어졌다. 얼굴을 스치는 바람과 이따금 돌진하는 벌레들 그리고 나뭇잎 사이로 새어 나오는 바람 소리를 들으며 지금 지나치는 이 풍경이 참 오랫동안 기억에 남겠다고, 생각했다.

브뤼헤에서 내려놓은 자전거 로망을 기대하지도 않았던 더블린에서 이루며 나는 홀가분했고 자전거의 그림자는 영영 아름다웠다 마주 오던 어지의 High Five! 제안에는 비록

Oh nooooooo! I can't! 라고 외쳐야 했지만 시원하게 길을 가르며 가슴 가득 차오르던 후련함은 아마도 영원히 잊을 수 없는 자유의 맛이었다.

～～ 20분 정도 시간을 넘겨 자전거를 가지고 온 나에게 아저씨는 너 어차피 아까 출발도 늦게 하더만- 하면서 추가 비용을 받지 않았다.

날씨도 안 좋고 당장 바삐 해야 할 일도 없는데 그럼 얘기나 할까 – 더블린 사람들

 4월 말의 더블린은 혹독하게 추웠지만 으슬으슬한 더블린을 채운 것은 냉한 공기와 비구름만은 아니었다. 에든버러에서 2주 동안 12인실 도미토리에서 지낼 때에는 같은 방 사람들과 간혹 이야기를 나누기는 했지만 한 번도 이야기를 나누지 못한 사람이 대부분이었다. 그런데 더블린의 8인실 도미토리에서는 좁은 공간에 침대가 다닥다닥 붙어있기 때문이었는지 2박 이상 투숙하는 사람이 많아서였는지 자연스레 윗 침대, 옆 침대, 앞 침대 사람들과 통성명을 하게 되었다. 그날 새로 들어온 나와 내 윗 침대의 쉬안에게 스테파니는 "Welcome to Dublin ladies!"라며 환하게 웃었고 그때 처음으로 더블린은 에든버러와는 꽤 다른 시간이 될지도 모르겠다는 생각을 했다.

 일본어로 인사를 하자 이런지긴 말을 빠르게 늘어놓던 옆

자리의 아저씨는 내가 이불 커버 안에 이불을 넣는 걸 도와주었고 매일 마시러 나가던 남자애들은 어느 펍이 가장 술값이 싸고, 기네스 공장 견학은 아침이 가장 저렴하다는 등의 이야기를 전해주었다. 자기들이 다녀온 골웨이Galway며 킬케니Kilkenny 사진을 보여주기도 하고. 어느덧 우리는 자연스레 각자의 하루를 공유하게 되었다. 호스텔 1층의 Common area에서 글을 쓰고 있으면 다가와서 지금 뭘 쓰고 있냐고 말을 걸어주는 이가 있었고, 소파에 누워 인상을 쓰고 있는 나에게 소화제를 가져다줄까 신경써주는 이도 있었다. 난방이 안 되는 실내에서 코를 훌쩍이고 기침을 하면서도 4월인데 정말 이상하지, 너무 추워 죽겠어 - 라는 이야기를 나눌 상대가 있었기에 어찌어찌 0°까지 떨어지는 추위를 견딜 수 있었던 듯싶다.

다른 동네에서 마음에 여유가 있는 사람들을 만나지 못했던 건 아니었지만 유독 더블린에 있는 동안 뭔가 다른 공기를 마주하게 되는 일이 많았다. 19대 대통령 선거를 하러 가던 날 나는 버스 기사 아저씨에게 이 버스가 투표소에서 가까운 미국 대사관 쪽으로 가는지를 확인하고 평소처럼 2층에 자리를 잡았다. 창밖을 바라보며 잠시 생각에 잠겨 있다가 구글맵을 열어 보니 내려야 하는 정류장 위에 내 위치가 포개어져 있었다. 서둘러 계단을 내려가자 기사 아저씨가 큰 소리로 "미국 대사관! 미국 대사관!"하고 외치고 있었다. 한 외국인의 목적지를 기억하고 기다려 준 아저씨에게 고맙다고 외치며 길에 내려섰을 때에도 아저씨는 밖에 있는 나에게 손가락으로 방향을 일러주고는 엄지를 척 들어 보였다. 세상에서 가장 친절한 버스 기사 아저씨에게 나도 엄지를 세워 감사를 표했다.

투표장 근처에는 제법 큰 공원Herbert Park이 있었고 그곳에서 가장 먼저 눈에 들어온 것은 일렬로 이어진 벚꽃길이었다. 예기치 못한 분홍 벚꽃의 등장에 열심히 사진을 찍고 있으려니 마주 걸어오던 언니가 "정말 예쁘지?" 바람처럼 말을 건네고 지나갔다. 이후 연못 앞에서 햇볕을 쬐고 앉아있는데 지나가던 서너 명의 어른들 중 한 할머니가 내게 다가와 말을 걸기 시작했다. 처음에는 'prison'으로 알아듣고 멀쩡한 사람에게 갑자기 악담을 하는 신종 인종 차별인가 싶었는데 가만히 들어보니 "너 여기에 계속 앉아 있다가는 꽁꽁 얼어 버릴지도freezing 몰라." 하는 따뜻한 우려였다. 자상한 미소와 함께 'Beautiful brown eyes'라는 칭찬마저 안겨주신 할머니에게 나는 소리 높여 Thank you!를 외쳤고 할머니는 멋지게 손을 들어 보이며 일행들 사이로 걸어갔다.

공원 안 카페에서 일기를 쓰다 잠시 눈을 붙이고 일어나니 각자 다른 테이블에 앉아 있는 힐머니들이 서로 통성명을 하고 있었다. 더블린은 의외로 자연스레 말을 걸고 처음 본 사람을 인정으로 대하는 분위기가 있었다. 누군가의 이야기를 귀담아듣고 차근차근 자신의 생각을 일러 주는 곳에서 내가 받은 느낌은 뭐 어차피 날씨도 안 좋고 지금 당장 바빠 해야 하는 일도 없는데 그럼 우리 얘기나 하자 - 는 넉넉함이었다. 그 분위기에 휩쓸려 공원 가는 길에 환경미화원 할아버지에게 자연스레 인사를 건네며 공원 입구가 어디에요? 여쭈어보니 할아버지는 아 그거 - 하는 표정으로 입구가 두 갠데 왼쪽에는 연못이, 오른쪽으로 가면 카페가 있다고 세세히 일러주었다.

베일리스 커피가 맛있는 시내의 카페The Stage Door Cafe에는 통상적인 대화 속에 여행자의 안부를 물어봐주는 인상 좋은 직원이 있었다. 내가 이미 어느 곳에 다녀왔는지를 물어본 그는 내게 'Iveagh Gardens'를 추천해 주었다. 혹시 시간이 되면 가보라고. 그의 말처럼 자그맣고 사랑스러운 공원에서 나는 콧잔등을 태우며 책을 읽다가 노래를 듣고 초코 피칸파이를 먹었다. 그러고 보니 아이리시 커피를 시키려던 나에게 베일리스 커피가 더 맛있다는 말을 넌지시 건넨 것도 그였다. 그렇게 나는 이곳 사람들의 넉넉함에 여행자들도 덩달아 마음을 열게 된다는 사실을 알아갔다.

그러나 이상한 사람은 어디에나 있었고 더블린을 떠나는 나의 애석함을 덜어 주려는 듯 그들은 후반부에 등장했다. 기타소리가 들려오는 Grafton Street를 여느 때처럼 가로지르는데 남성 버스커 2인조가 나를 보더니 당신을 위해 'Isn't She Lovely'를 연주하겠다며 익숙한 멜로디를 이어가기 시작했다. 내가 좋아하는 거리에서 이런 드라마틱한 일이 생기다니 역시 더블린은 엄청나구나 – 감탄하고 있을 때, 갑자기 한 아저씨가 다짜고짜 그들에게 다가가서 멱살을 잡고 당장 여기서 나가라는 식의 말을 퍼부어 댔다. 그 순간의 분위기는 아랑곳하지 않은 채. 신나게 연주를 하고 있던 그들은 무척 당황한 기색이었고 가족들이 그 아저씨를 데리고 사라지면서 상황은 종료되었지만 어색한 분위기가 남아있는 현장에서 우리는 어찌할 바를 알지 못했다.

그리고 더블린에서 보내는 마지막 저녁에 예상치 못한 일이 일어났다. 아이리시 음악을 연주하는 펍에 가려고 경로를 보니 마침 트램이 나오기에 더블린을 떠나기 전에 이곳의 트램을 타봐야겠다는 생각으로 성큼 그 안으로 들어섰을 뿐인데. 교통카드인 Leap Card를 들고 주위를 두리번거려도 트램 안에는 아무런 기계도 보이지 않았다. 이상한 기분이 들어 앞에 앉은 할아버지에게 티켓 머신이 어디 있느냐고 물었더니 기계는 저 밖에 있었는데 다들 처음에는 잘 모른다며 웃으셨다. 이걸 어떡하지 하고 있는데 다음 정거장에서 관리인처럼 보이는 남녀 둘이 타서는 갑자기 티켓을 검사하기 시작했다.

트램 문이 열렸을 때 자신 있게 그 안으로 들어선 이유는 예전에 독일이나 체코에서 트램을 탔을 때는 트램 안에 검표기가 있었기 때문이었다. 여자 직원이 내 쪽으로 다가올 때만 해도 상황을 잘 설명하고 1회분의 교통비를 내면 되리라고 생각했다. 무임승차를 하려던 것도 아니고 손에 Leap Card도 쥐고 있었으니까.

그녀는 내 카드를 체크해 보고는 태그한 흔적이 없다는 것을 확인하자 일단 다음 정류장에서 내리라고 했다. 더블린에 있은지 며칠밖에few days 되지 않았냐는 말에 '잠시' 머물고 있는 여행객이고 더블린에서 트램을 타는 건 처음이라는 뉘앙스로 일단 그렇다고 하자, 그 후에 설명을 덧붙이고 언제부터 더블린에 있었는지 사실대로 이야기했음에도 'few days'가 아닌데 거짓말을 했다며 나를 몰아세우기 시작했다.

순식간에 누군가로부터 범법자 취급을 당하는 건 처음 있는 일이었다. 12일 전에 더블린에 도착한 사람이 트램을 처음 탔을 리 없다는 그들의 단정에 진실은 그저 구차한 변명이 되어가고 있었다. 유럽의 다른 나라들과 같지 않은 시스템을 모르고 탔을 뿐인데 어쩜 이렇게 가혹할 수 있느냐는 호소에도 그녀는 지금 당장 벌금을 안 내면 같이 경찰서에 가야 한다고 엄포를 놓았다. 1회분의 교통비만 내면 해결되리라는 나의 생각은 무던히도 순진했고, 단지 더블린의 트램을 타보고 싶었던 여행객은 졸지에 저가 항공 비행기 삯을 뜯기고 말았다.

매일 1유로, 2유로를 아끼려고 소비를 다잡던 시간들이 주마등처럼 지나갔다. 맥이 풀리는 금액보다도 같잖은 핑계를 대며 고작 무임승차나 하려고 했던 뻔한 이방인이 되었다는 사실이 너무도 슬프고 억울했다. 낯선 외국인에게 뜯어간 벌금으로 국익에 충당하는 것이 너희가 그렇게 강조하는 Rule이냐고 더 따질 걸 그랬다는 생각과 그래 봤자 결국 결과는 같았으리라는 체념이 무수히 반복되었다. 설상가상으로 찾아가려던 펍은 3시간 후에나 연주가 시작된다고 했고 그날은 음식도 팔고 있지 않았다.

대체 여기까지 왜 온 건가 망연자실한 기분에 아무것도 하기 싫은 상태가 되었다. 7개월의 여정 동안 한 달에 한 번 정도는 아무것도 하지 않고 침대에 늘어져 있어야 하는 일이 꼭 생기곤 했다. 그렇게 마음을 내어 주었던 더블린에서 결국 이런 꼴을 당하다니.

축 처진 어깨로 호스텔로 돌아가려다 문득 '더블린 사람들 Dubliners'에서 읽은 구절이 생각나 걸음을 멈추었다. 이런 때일

수록 술집에 가서 술을 마셔야 하는 거라고 제임스 조이스 아저씨는 말했고, 오늘은 더블린에서 보내는 마지막 밤이니까.

발길을 돌려 1차로 블랙커런트 시럽을 넣은 기네스와 함께 감자튀김, 새우 칵테일을 시켜 마음껏 먹고 2차로 템플바에 들어갔다. 수많은 사람들 사이에 기네스 잔을 들고 앉아있는 제임스 조이스 아저씨의 동상이 있었다. 하루 종일 돈을 다 써서 맥주 두 잔을 마실 돈 조차 남아 있지 않은 주머니 사정이 꼭 '더블린 사람들' 같아서 피식 웃음이 나왔다. 하프1/2 파인트 사이즈 맥주 한 잔을 시켜 마침 시작된 연주 앞에 자리를 잡았다. 사람들이 지나갈 때마다 좌우로 몸을 틀어야 했지만 연주는 흥겹고 사람들은 모두 즐거워 보였다.

마지막으로 밤의 리피강을 곁에 두고 걸어오는 길목엔 퇴폐미를 자아내는 남자처럼 비스듬히 기대 선 갈색 건물들 사이로 강물이 일렁이고 있었다. 마음을 앗아갔던 더블린은 여전히 그 자리에 그윽이 머물러 있었고. 기네스의 잔향은 달큰하게 입안을 휘감았다.

River Liffey 〜〜 Dublin *12 nights*

 누군가 코를 훌쩍이거나 재채기를 하기 시작하면 그것이 곧 더블린에 와 있다는 증거가 되었다. 4월 말의 더블린은 한기로 가득해서 최저 기온이 2°, 심할 때는 0°까지 떨어지는 날도 있었다. 깔깔이를 입고 다녀도 어웃 추워- 소리가 절로 나왔고 난방이 되지 않는 호스텔 안은 항상 냉랭했다. 자다 일어나면 코 끝이 항상 차가웠고 그 와중에도 술에 취한 이들은 웃통이나 아랫도리를 벗은 채 잠이 들고는 다음날 감기에 걸렸다며 울상을 지었다.

 리피강을 사이에 두고 양 옆으로 펼쳐진 갈색, 회색의 톤 다운된 거리는 더블린의 기운과 어우러져 퇴폐적인 매력을 자아냈고, 이따금 런던보다 더 기다랗게 이어진 구름이 너른 하늘을 메웠다. 일주일간의 한기에 지쳐 하고 싶은 게 점점 없어지던 4월이 지나고 5월이 되자 거짓말처럼 햇살이 쏟아져 내렸다. 분명 덧신을 신고 잤는데 일어나 보니 맨발이었다. 침대 끝에 고이 벗어져 있던 덧신. 바람이 잠잠해지고 햇살이 고개를 내밀자 더블린에도 봄이 찾아왔다.

우중충하던 더블린 거리에 햇살이 비치면 풍성한 이파리는 눈이 부실 듯 초록초록 빛났고 야외는 실내보다 따뜻한 공간이 되었다. 오랜만의 온기를 모아두고자 노트북을 들고 'St. Stephen's Green'으로 향하니 노트북 화면 가득 연둣빛 나뭇잎이 흔들렸다. 공원 가운데에는 백조같이 구는 갈매기와 진짜 백조, 그리고 파닥파닥 날아다니는 오리가 연못을 가르고 비둘기가 가만가만 발걸음을 옮겼다. 이따금 시선이 느껴져 고개를 들어보면 갈매기가 정면에서 나를 뚫어져라 응시하고 있었다.

 더블린 거리의 버스킹은 버스커의 실력만큼이나 버스킹을 기대하고 모인 관객들의 흥도 대단했다. 지나던 길에 멈춰 서서 신나게 웨이브를 타던 남미 소녀들과 멋진 그루브를 선보이던 아프리카 언니들, 갑자기 무대에 난입하여 방방 뛰어대던 애기들까지. 거리를 걷다가 나는 자꾸만 걸음을 불잡혔고 후두둑 몇 유로의 동전이 없어졌다. 잔뜩 노래를 흡수하고 옮기는 걸음에 몸 안이 멜로디로 가득해진 느낌이 들었다.

거리를 가득 메운 버스킹 음악을 시작으로, 호스텔 옆 책방 'Upstairs' 2층에 있는 카페, 블랙커런트 시럽을 넣은 달달쌉싸름한 기네스, 공원에서 읽은 '더블린 사람들'의 이미지가 한데 어우러져 나는 런던에서 기네스를 앞에 두고 Mutefish의 노래를 들으며 더블린을 그리워했다. 더블린은 여전히 연둣빛으로 화사하게 빛나고, 찬란한 거리에선 오늘도 누군가 아름다운 노래로 많은 이들의 발걸음을 멈춰 세우고 있을 것이다.

~~~ 수변, 여섯 번째

여름
~~~~~
예상과 다르던 런던

I'm in London

집 앞에서 V&A로 향하는 버스에 오르면 언제나 템스강을 지나야 했다. 매일 한강을 건너 회사에 갔던 것처럼. V&A의 꼬불꼬불한 샹들리에가 걸린 입구를 지나 오른편에 있는 아시아 관으로 향하면 중국, 일본 전시실 앞 통로를 차지하고 있는 한국 전시로路가 등장했고. 한 켠에서 말갛게 빛나는 백자를 바라보며 중세 시대의 문을 지나 계단을 올라가면 왼편의 반짝이는 크리스탈 장식품 끝으로 거울로 된 문이 보였다. 그 문 뒤에 지금은 없어진, 복층 구조의 라운지 룸Member's Lounge Room이 있었다.

밀크티를 달라고 했더니 잠시 정적이 흐르고 아, Tea with milk! 라는 답을 들었던 2년 전의 기억을 떠올리며 얼그레이 티를 주문하고 앞에 놓여진 작은 우유잔을 집었다. 조심조심 트레이를 들고 흰 계단을 올라 기다란 창 밖으로 흔들리는 나뭇잎을 마주하면, 비로소 그려왔던 London에 있는 기분이 들었다.

 티백을 오래 넣어 두어도 떫지 않고 진하게 우러나는 홍차에 묽은 우유를 부으면 수채 물감이 섞이듯 연한 갈색으로 변하는 나선형 무늬가 만들어졌다. 진한 홍차에 우유를 부어 넣을 때, 그리고 적당히 부드러워진 홍차를 한 모금 마실 때, 이 순간을 오래도록 그리워했다는 실감이 자욱이 번졌다. 옆에 있는 스콘을 반으로 갈라 담백고소한 클로티드 크림을 듬뿍 바르고 달콤한 딸기잼을 얹어 크게 베어 물면 절로 눈이 감겼다. 홍차와 스콘을 앞에 두고 노트북을 바라보는 동안 몇 차례 커피 향이 지나가고 초록 잎은 기다랗게 산들거렸다.

 느지막이 점심을 먹은 날에는 V&A에 가는 대신 침대에 누워 창 밖을 바라봤다. 흔들리는 초록 잎이 진하고 하늘이 파랗게 싱그러운 날에는 손빨래한 속옷을 창틀에 널어놓고 아이스크림 값을 챙겨서 Battersea Park로 향했다. 공원 입구를 지나 나무들 사이로 들어가면 금세 자그마한 아이스크림 밴이 나타났다. '해리 포터'의 론을 연기한 루퍼트 그린트가 아이스크림 밴을 몰고 아이들에게 아이스크림을 무료로 나눠주었다는 기사를 접했을 때에는 알지 못했지만 영국에서는 초록이 아름다운 공원이나 고성, 이벤트가 열리고 있는 곳이면 어디든 가장 적절한 장소에 아이스크림 밴이 있었다.

 보드라운 바닐라 쇼프트 아이스크림보다는 그 위에 아무

렇지 않게 스윽 꽂아주는 초콜릿 칩 막대를 먹고 싶어서 나는 자주 동전 지갑을 열어 아이스크림을 받아들었다. 아이스크림을 머금고 초콜릿 칩을 한입 깨물면 Ice-cream man이 되고 싶었던 한 소년의 꿈이 달콤하게 퍼져 나갔다. 모두가 싱글벙글 웃으며 다가와 주고 그렇게 다가온 이들에게 달콤함을 선사할 수 있는 일이 과연 세상에 몇이나 될까.

 오리가 둥둥 떠가는 연못을 지나 보트가 매여 있는 지점에서 왼쪽 길로 빠지면 메리 포핀스가 날아올 것 같은, 가로등이 즐비한 가로수길이 펼쳐졌다. 그 길을 천천히 걷다가 벤치에 앉아 잠시 쉬는 것이 공원 산책 후반부의 즐거움이었다. 우연히 축구장 펜스가 보이는 벤치에 자리를 잡은 날, 눈 앞의 풍경을 바라보다 먼발치의 생각에 잠길 즈음 유모차에 탄 아이가 나를 가리키며 뭔가를 말하려고 했다. 만면 가득 미소를 머금고 아이의 이야기에 귀를 기울이는데 골웨이 골웨이 - 하길래 어쩜 저렇게 어린애가 아일랜드의 관광지 골웨이를 다 아는 건가 감탄하려는 찰나 아이의 엄마가 무섭게 유모차를 잡아 세우며 너 엄마가 그러지 말랬지? 아이를 타일렀다. 그제서야 파악된 Go away. 이제는 애기한테도 인종 차별을 당하는 건가 잠시 쓸쓸해하려는데 펜스를 넘어 하늘에서 축구공이 뚝 - 떨어졌다.

곧 한창 공만 바라보며 뛰었을 청년들이 펜스 쪽으로 달려와 그 앞에 앉아있는 내게 공을 다시 던져 달라고 외치기 시작했다. 그런데 사방 어디에도 빈 공간이 없었다. 그들에게 공을 건네주려면 그 공이 넘어온 펜스를 다시 넘기는 것 외에는 방법이 없어 보였다. 풍경을 메우는 하나의 사물에 지나지 않던 펜스는 내 키의 3배는 될 법한 거대한 벽이 되어 있었다.

오랜만에 손에 든 공에서 괴로웠던 중고등학교 시절의 체육 시간이 하나둘 떠올랐다. 전반적인 체육 젬병이었던 나는 특히 구기 종목에서 두각을 드러내곤 했다. 축구, 농구 가릴 것 없이 공으로 하는 운동이면 무엇보다 공을 어떻게 감당해야 할지 몰랐고 공은 자주 내 손과 발 안에서 헛돌았다.

'공과 나'의 옛 기억에 잠시 멍해져 있는 나를 보고 청년들은 저마다 의견을 내기 시작했다. 그냥 공을 뻥 차봐, 저기 뒤로 달려가서 차봐, 아니면 공을 던져봐. 일단 힘껏 던진 공이 펜스를 흔들고 땅바닥에 떨어지자 내 실력을 본 그들은 잠시 말을 멈추었다. "으아 나는 정말 못하겠어(나는 너희가 아니라고… 대체 너희는 어떻게 발로 차서 이 어마어마한 울타리를 넘긴 거냐)." 잠깐의 정적 후 그들은 한 소리로 '나는 너를 믿는다'고 나를 세뇌시키기 시작했다. 너를 믿는다는 말을 그렇게 강렬하게 어릿에게서 들은 일이 있었던가.

그때 피부색이 짙은 한 청년이 잠시 생각을 하더니 내 쪽으로 가만히 다가와서 이렇게 말했다.

"최대한 울타리 가까이 서서 네가 할 수 있는 한 가장 높이 공을 던져봐."

그래 한번 해보자는 생각으로 나는 펜스 앞으로 다가섰다. 그리고 배구공 토스 시험을 보던 때를 떠올리며 축구공을 하늘 높이 던졌다. 높이 올려진 공은 그렇게 마의 벽처럼 느껴지던 울타리를 가볍게 넘었다. 공을 받아 든 그들은 Thank you!를 외치며 다시 축구장 가운데로 뛰어갔다. 뒤에서 짝짝짝- 하고 유모차와 함께 서있던 엄마들이 내게 박수를 보냈다.

다시 벤치로 돌아와 앉자 공이 아무렇지 않게 휙 장애물을 넘어서던 순간이 자꾸만 떠올랐다. 그리고 그때 어쩌면 방금 전 인생에서 가장 중요한 말을 들은 것 같다는 생각이 스쳤다. 무언가 꼭 넘어서야 하는데 절대 넘을 수 없을 것만 같은 벽이 앞에 있다면 내가 할 일은 그 벽 앞으로 가장 가까이 다가가서 내가 할 수 있는 한 가장 높이 나를 던져보는 것이라고. 그러면 생각보다 그 벽을 쉽게 넘을 수도 있으리라고. 그토록 쓰고 싶었던 글을 가지고 앞으로 어떻게 살아야 할지 밀려드는 불안 앞에서 소중한 이정표를 찾은 기분이었다. 내가 가장 좋아하는 런던의 공원에서 전혀 예상치 못한 방법으로.

5월 초에서 8월 초까지, Sunday Roast 표지가 나부끼는 주말이면 구운 고기를 먹고 틈틈이 '여름'이나 '일요일'이라는 이름이 붙은 맥주를 사오는 동안. 이따금 마음이 내려앉는 순간들이 찾아왔지만 그럴 때마다 지금 나는 런던에 있다는 사실이 묘하게도 유일한 위안이 되었다.

어떤 순간에도 커다란 구름은 시원스레 너른 하늘을 지나고 앙증맞은 튜브는 틈새에 유의하라는 염려Mind the gap!를 건네며 강가를 스쳤다. 홍차에 우유를 붓고 2층 버스에 올라앉는 모든 순간이 런던을 흐르고 있었다. 사람들은 잔디밭에 드러누워 소중히 볕을 쬐고 가로등이 템스강을 밝힐 즈음엔 펍 주위로 옹기종기 모여들었다. 노랫소리 같던 말들 속에서 깜빡이는 커서 앞으로 가까이 다가서려고 했던 그해 봄, 그리고 여름에. 나는 런던에 있었다.

숨통이 트이던 만남들과, 남자 같았던 회사

　회사에 다닐 때, 평일이든 주말이든 조금이라도 자투리 시간이 생기면 최대한 끌어 모아 하고 싶은 것을 하러 다녔다. 점심시간에는 영어 회화 학원에 가거나 요가를 했고, 저녁시간에는 필라테스를 하거나 일본어와 프랑스어를 배웠다. 주말에는 기타를 배우고 한 달에 한 번 요리 수업을 들었다. 내 이야기를 들은 사람들은 다들 뭘 배운다고? 손가락을 꼽아가며 되물었다. 4년간 하나씩 늘어난 일정들이었다.

　신촌으로 망원으로 다시 종로로 쏘다니던 시간들은 가끔 힘에 부치는 걸음이 되었지만 하루하루를 그 일정들로 살아내는 느낌이었다. 가슴 가득 답답함이 차오를 때 요가 매트 위에 누워서 '자신의 호흡에 집중하세요'라는 말을 들으면 속이 뻥 뚫리는 것 같았고, 외국어 선생님한테 띄엄띄엄 스트레스며 로망에 대한 이야기를 늘어놓고 있으면 친구와 수다를 떨고 있는 듯한 기분이 들었다.

하고 있는 일에 대한 힘겨움과 사실 내가 하고 싶은 일에 대해 속내를 털어놓을 때마다 선생님들은 진지한 얼굴로 나의 고민을 들어 주었다. 가장 오래 만났던 일본어 선생님 사치상은 그 틈바구니 속에 있으면 길이 잘 보이지 않을 테지만 그래도 어떻게든 풀려나가게 될 거라고 운을 뗐고. 그녀의 남편 코타상도 일단 하고 싶은 걸 하다 보면 닿게 되는 길이 있을 거라며, 이게 돈이 될까 – 생각하면 아무것도 시작할 수 없지만 일단 끌리는 쪽으로 가보면 방법이 있으리라고 말을 받았다.

기타를 가르쳐 준 시문쌤 역시 매주 진지한 표정으로 내 고민에 귀 기울이며 나의 꿈을 응원해주었다. 시문쌤이 가르치고 있는 수강생 중에는 입시를 준비하는 학생들과 꿈을 찾아 직장을 그만둔 사회인들이 있는데 뭔가 후자 쪽에 항상 안쓰러운 마음이 든다고 했다. 수많은 고민 끝에 회사를 나왔을 텐데 본격적으로 음악을 한다는 것도 생각보다 정말 쉽지 않은 일이기에. 다들 예상보다 심한 현실을 마주하고 힘들어하는 것 같다고. 그렇지만 하고 싶은 일을 두고 원하지 않는 일을 계속 해 나가는 것 역시 고역일 것 같다고 낮은 목소리로 말을 건넸다.

선생님들과의 따스한 대화만으로 달라지는 건 없었지만

어디에도 매이지 않고 하고 싶은 방식으로 인생을 꾸려 나가는 그분들의 모습에 나는 적잖은 영향을 받고 있었다. 영어, 한국어에 이어 중국어까지 섭렵한 코타상이 에어비앤비 호스트로 활동하는 덕분에 일본어 수업을 받으러 가면 항상 세계 각국의 사람들이 있었고 사치상은 그들로부터 받은 선물을 같이 먹자며 내어주고는 했다.

사치상 부부는 북촌 골목에서 캐리커처를 그리기도 하고 사람들을 모아 일본 농가마을 투어를 떠나는 등, 언제든 가장 싼 가격에 티켓을 사서 아무 때고 훌쩍 일본이나 중국에 다녀왔다. 집에서 빵과 피자를 굽고 한식과 일식을 번갈아 만들어 먹는 그들의 찌들지 않은 일상에서 매번 묘한 활력을 얻었던 것 같다. 이따금 그들은 삼겹살이며 오코노미야끼, 피자 파티라는 이름을 붙인 술자리를 만들어서 학생들을 불러모았다. 처음 보는 사람들과 함께 와인과 맥주, 막걸리를 순서 없이 마시며 중간중간 코타상이 슈퍼에서 사오는 안주를 먹다 보면 어느덧 막차 시간이 되어 있었다. 사치상 집은 회사에서 7분 거리에 있었지만 그곳의 문턱을 넘을 때마다 나는 매번 시공간을 이동하는 기분이 들었다.

시문쌤의 스튜디오에도 종종 재밌는 사람들이 모였다. 그곳에는 선생님과 같이 음악을 하는 분들 외에도 작업실을 나눠 쓰는 사진작가, 화가, 피이니스드 등이 있었고 그들은 모두 처음 보는 나를 스스럼없이 대해 주었다. 작업실에 딸린 작은 부엌에서 만든 파스타를 먹어보라며 권하기도 하고, 한가득 만들어 놓은 김치전 반죽을 꺼내 즉석에서 노릇노릇한 전을 부쳐 주기도 했다. "아직 밥 안 드셨죠?" 하면서 인천에서 공수해 온 돈까스며 불닭을 늘어놓고 후유증에 대한 주의와 함께 주먹밥을 뭉친 날엔 신기하게도 불닭 후유증이 찾아오지 않았다. 저 오늘 공연이 있는데 같이 가실래요 - 라는 제안에 친구분이 운전하는 타이탄 트럭을 타고 시문쌤의 공연장으로 이동하는 길목에서, 덜컹덜컹 마음이 흔들리는 소리가 들렸다.

조명으로 빛나는 시문쌤의 공연장에는 선율의 진동과 함께 깊숙한 곳을 울리는 무언가가 있었다. 좋아하는 일과 잘하는 일이 일치하는 사람의 표정. 나는 선생님에게서 매번 그 표정을 보았다. 그것은 나에게 없는, 언젠가 꼭 가져보고 싶은 모습이었다. 언제나 득실을 생각하는 우리네 삶과 달리, 무대 위의 그들은 매번 충실히 공연에 임하고 진심으로 그 시간을 즐기고 있었다. 시문쌤의 단독 공연에서는 관객 한 명 한 명에게 손 편지를 전달하는 깜짝 이벤트가 열리기도 했다. 여러 개의 밴드에 몸 담고 있어서 단 하루도 온전히 쉬지 못하는 사람이 관객들에게 일일이 편지를 쓰다니. 편지를 쓰다 잠들기도 했어요 - 라고 웃어 보이는 선생님의 얼굴이 너무도 찬란해서 단 한 번이라도 저런 시간을 살아 보았으면 좋겠다고. 나는 멍하니 그녀를 바라보았다.

하루는 시문쌤이 몸담은 레게 밴드 NST & The Soul Sauce의 공연 뒤풀이에 따라갈 기회가 생겼다. 그런데 하필 그 전날 옛 동기들과의 술자리가 있었던 터라 본의 아니게 비교의 시간을 보내게 되었다. 예상외로 처음 같이 술을 먹는 사람들과의 자리가, 그것도 나보다 나이 많은 남자들과의 술자리가 하나도 불편하지가 않았다. 모두 소탈하게 대화를 이어가면서도 주위 사람을 신경 썼고 누군가 말하면 다들 이야기를 듣고 적절한 리액션을 했다. 흥이 오르면 장단을 맞추며 노래를 불렀고 각자 즐거운 만큼 술을 마셨다(금주 중이라 환타를 술처럼 병 단위로 마시는 분도 있었다).

일요일 밤부터 월요일 새벽까지 이어진 자리를 파하고 새벽 3시쯤 총알택시를 타고 집에 돌아오는 길에, 문득 불편하지 않은 술자리를 대체 얼마 만에 가져본 건가 하는 생각이 들었다. 모두가 자기 얘기에 열을 올리고 서로의 위치를 가늠하는 그 전날의 술자리에서는 다들 나이보다 더 어른 같은 얼굴을 하고 있었는데, 나이를 가늠할 수 없는 그들은 개구쟁이 소년 같기도 경험 많은 아저씨 같기도 한 얼굴로 씨익 웃다가도 문득 진지한 이야기를 이어가곤 했다. 다음날은 무척 피로한 한 주의 시작이 되었지만 서로 다른 술자리의 여운은 머릿

속에서 쉬이 가시지 않았다.

 오늘도 다시 회사로 돌아가요? 오늘은 몇 시까지 있을 예정이에요? 라는 질문과 함께 매번 수업은 마무리되었지만 사회 초년생 때에는 내가 번 돈으로 배우고 싶은 걸 마음껏 배울 수 있다는 사실이 그저 즐거웠다. 스스로 숨구멍을 뚫고 그 틈으로 깊은 호흡을 하는 기분이었다. 내가 하고 있는 일에 익숙해지면 월급 외에도 어떤 즐거움이 있겠지 막연히 기대하는 부분도 있었다. 그러나 시간이 흐를수록 월급이 유일한 즐거움이라는 사실만이 뚜렷해져 갔다. 물론 다달이 들어오는 월급의 힘으로 온갖 배움의 시간과 문화생활을 누리고 주변 사람들과 멋진 식사를 할 수 있다는 건 부인할 수 없는 사실이었다. 이 모든 걸 하지 못하게 되어도 내가 견딜 수 있을까. 그런 생각을 하면 자신이 없어졌다. 그럼에도 매주 돌아오는 수업 시간이면 선선한 미풍이 콧날을 훔치고 지나갔다.

 조건이 좋은 남자를 만나서 풍족한 생활을 할 자신도 없었지만 애초에 그쪽 길을 열심히 들여다보지 않아서였을까 그 방향으로 인생이 흘러가는 일은 우연이라도 생기지 않았다. 모든 것에 공짜는 없다는 생각을 하며 스스로를 책임지는 일에 익숙해진 지 오래였다. 사람이 돈을 벌어야지. 돈이 있어야 살지. 마음을 다잡으며 시린 눈을 부릅뜨고 모니터를 쳐다보던 어느 날, 갑자기 그런 생각이 스쳤다. 나에게 많은 것을 가능하게 해주는 이 일이 꼭 조건 좋은 남자 같다고. 그의 돈으로 살 수 있는 많은 것들에서 인생의 의미를 찾으며 나를 힘들게 하는 이 남자를 계속 견디고 있는 것 같다고. 언제부턴가 그를 사랑하지 않는다는 걸 알면서도 그가 있기에 이 모든 걸 누릴 수 있다고 나는 매일같이 되뇌고 있었다.

 조건 좋은 남자보다 진심으로 사랑할 수 있는 남자를 만나고 싶다고 항상 생각해 왔다. 그게 대놓고 조건을 따지는 것보다 더 어려운 거라는 타박을 받으면서도 관계의 본질은 사랑이어야 한다고 믿었다. 그럼에도 나는 결국 조건을 보고 일을 택했고 그 관계를 지속하고 있었다. 이건 좀 아닌 것 같다는 느낌은 불현듯 다가왔다. 내 몸과 마음을 상하게 하지 않으면서 같이 있는 것 자체로 충만함을 주는 남자와는 집밥을 먹어도, 마주앉아 대화만 나눠도 행복할 것 같다는 생각이 들었다. 돈으로 시간과 만족을 사들이는 일상 속에서 나는 조건 좋은 남자에게 조금씩 그러나 확실히 질려가고 있었다. 돈은 너무도 중요한 수단이었지만 수단은 결코 본질이 될 수 없었다. 무엇보다 그 안에는 사랑이 없었다.

 제 일이 꼭 조건 좋은 남자 같다는 생각을 하고 있어요 요즘. 여느 때와 같이 기타 레슨에 앞서 서로의 근황을 얘기하다가 불쑥 속에 있는 이야기를 꺼내자 시문쌤은 와 진짜 절묘한 비유네요- 낮은 목소리로 고개를 끄덕였다. 상상 끝에 막연한 불안감이 밀려들 때마다 나는 본질을 생각하려고 애썼다. 사랑할 수 있는 남자, 마음속 깊이 사랑하고 싶은 남자를 한 번 진지하게 사랑해보자고. 그와의 생활이 어떤 결과를 낳을지라도 그는 아마도 그들이 지니고 있는 미소를, 그 찬란함을 내게 보여줄 것 같았다. 서로의 얼굴을 바라보며 티없이 웃고 비 오는 날 감자전을 부쳐 먹기도 하고 매일 밤 떠오른 달에 감탄할 수 있는 것으로 괜찮지 않을까. 내가 바라는 것은 아무래도 그런 시간일 것만 같았다. 나는 결국, 그의 손을 잡기로 했다.

오랜 고민 끝에 결심을 얘기할 무렵 사치상 부부는 그간 꿈꿔 오던 일본 시골로의 이주를 구체화하고 있었다. 사치상은 내 결심에 와 드디어! 라며 격려해주었고 우리는 서로 바라왔던 생활이 비슷한 시기에 시작된다는 사실을 신기해했다. 직장을 그만두고 서울을 떠나면서 다른 선생님들과도 하나둘 마지막 인사를 나누었다. 가서 종종 소식 전해줘요- 라는 말과 함께 그들은 내가 멀리서도 자생할 수 있도록 기타 코드를 정리해서 그려주고, 이런저런 스트레칭 방법을 알려주었다. 그리고 무엇보다 나의 결심에 고개를 끄덕여주었다.

런던에 도착한 지 열흘이 되었을 무렵 한창 읽고 있던 하루키의 '도쿄기담집' 중 '날마다 이동하는 콩팥 모양의 돌'에 이런 대사가 있었다.

"그건 아주 중요한 일이지. 직업이라는 것은 본래 사랑의 행위여야 해. 편의상 하는 결혼 같은 게 아니라."

매주 만나던 모든 얼굴이 그리운 밤이다.

그러니까 좋아하는 남자라면

 3년간 연애에 공백이 있던 때가 있었다. 대체 왜 연애를 안 하는 거냐, 일이 많으니까 안 하겠지, 그러면 우리 탓이냐 - 라는 놀림이 회식 자리마다 되풀이되었고, 퇴사 의사를 밝히자 쉬는 동안 결혼할 남자를 찾으면 되겠다는 얘기마저 나왔다. 숱하게 듣던 그러면 대체 이상형이 뭐냐는 질문에 내가 동료들에게 했던 답은 '말하기 듣기 능력이 있는 사람'이었고, 회식 자리에서 했던 말은 '소리 없이 강한 레간자 같은 남자'였다.

 비단 남자만이 아니라 누군가와 관계를 맺을 때 가장 중요하게 보는 부분은 자기가 신나서 이야기하는 만큼 남이 하는 말에 귀를 기울일 수 있는 사람인지 하는 데에 있었다. 같이 이야기를 나누는 것만으로도 서로 신이 날 수 있다면 나머지 조건들은 차후의 문제이지 싶었다. 그렇지만 이런 이야기를 꺼낼 때면 다들 연애하기 어렵겠다는 표정으로 차라리 일반적인 조건을 따지는 편이 낫지 않겠냐고 말을 막았다.

 실제로 간혹 들어오는 소개팅에서 말하기 듣기 능력이 있는 사람이 나오는 일은 좀처럼 없었다. 아이 컨택조차 애매하거나 쿨한 척 말을 늘어놓다가도 듣는 순간 불안을 내비치는 사람이 많았다. 말을 쳐내는 걸 위트로 알거나 내 말이 끝나기만을 기다리다 다시 장황하게 자기 얘기를 늘어놓는 이도 있었다. '저는 남의 이야기 듣는 걸 좋아해요' 어필하는 사람이 더 위험하기도 했다. 괜한 시간들이 쌓이고 나자 나는 마치 이곳에선 구하기 어려운 망고스틴을 찾아 거리를 헤매는 사람이 된 것 같았다.

 조금 예전의 광고이기는 하지만 '소리 없이 강하다, 레간자'라는 카피를 들었을 때 어린 나이에도 아, 저런 남자가 좋은데 ‒ 하는 생각을 했다. 묵묵히 담담하게 자기 몫을 행하고 요란한 생색을 내지 않는 남자. 나는 그런 남자가 좋았다. 비록 나의 대답을 회사의 아저씨들은 '체력'이 강하다는 의미로 접근하는 것 같았지만 소리 없이 체력까지 강하다면 더욱더 마다할 이유는 없지 않은가 속으로 고개를 끄덕였다. 내 이상형의 방점은 '강한' 데에 있지 않고 '소리 없이'에 있었기 때문일까, 레간자 같은 이는 이미 사라진 광고처럼 어디에서도 눈에 띄지 않았다.

레간자 같은 이가 좋아서 그런지 커다란 야망이 없고 괜한 허세가 없는 사람에게 항상 마음이 갔다. 자기가 가질 수 있는 만큼을 꿈꾸고 지금 가지고 있는 것에 행복해 할 수 있는 남자. 더 많은 무언가를 노리기 이전에 곁에 있는 소중한 것들을 소중하게 대할 수 있는 사람이라면 그 옆에서 같이 즐거울 수 있을 것만 같다. 'Boys, be ambitious!'에 정확히 반대되는 바람이지만, 계속 더 높은 곳을 바라보는 사람은 아무래도 현실에 만족하지 못하고 곁에 있는 것들의 가치 또한 제대로 느끼지 못하는 듯 보였다. 그러나 더욱더 큰 야망을 가지라고 부추기는 사회에서 내 이상의 남자는 곧잘 무능한 남자로 잘못 해석되곤 했다.

그리고 이따금 소설을 읽는 사람이 좋다. 가끔 주위를 둘러보면 생각보다 소설을 읽는다는 남자가 잘 보이지 않았다. 자기 계발서나 전공 관련 서적을 읽는 남자들은 더러 있었지만 그들은 자신이 읽는 책 이야기를 꺼낼 때면 목소리를 한층 두껍게 만들었다.-물론 소설을 읽는 남자들 중에서도 그런 사람은 있었지만-출세에 딱히 도움이 되지 않더라도 가상의 이야기를 머릿속으로 상상하고 일련의 장면들에 공감하는 틈을 가질 수 있는 사람이면 왠지 일상에서도 여유를 지니고 있을 것만 같다. 물론 하루키 소설을 좋아하는 사람이라면 더 좋고.

많은 이들이 선호하는 조건이 나 또한 싫은 건 아니었다. 다만 좋은 조건을 많이 보유하고 있는 사람일수록 그 사실을 정확히 인지하고 그에 상응하는 보상을 기대한다는 것을 간과할 수는 없었다. 그럴 바에는 그 조건이 없는 편이 낫겠다고 생각했다. 연봉, 직업, 학벌, 집안 등등의 조건 중에 하나만 괜찮아도 필요 이상 그 대상을 칭송하는 분위기에 종종 어지러움을 느꼈다. 법의 테두리 안에 있는 일을 하면서 자신의 일과 수입을 그런대로 좋아하는 사람이라면, 그러면서 자격지심이 심하지 않다면 문제될 것이 없었다. 다만 집의 분위기는 좋고 나쁨을 떠나서 사랑이 결여되어 있지 않은 곳이기를 바랐다.

결국 망고스틴을 발견하지 못한 연유로 굳이 연애를 시작하지 않았고 3년 동안 혼자 이곳저곳을 돌아다니며 즐거운 시간을 보냈다. 다행히 혼자 이것저것 해내는데 어려움이 없는 편이었다. 홀로 감당해야 하는 고독과 누군가를 만나면서 겪게 되는 외로움 중 하나를 감당해야 한다면 전자가 그나마 덜 괴로울 것 같다는 생각이 들었다. 번번이 소개팅에 실패하는 나에게 어느 날 메이언니는 이걸 구해왔다며 망고스틴 주스를 들어 보였고 드디어 만난 자줏빛 캔은 오랫동안 책상 위에 놓여져 있었다.

연애의 공백기가 깨어진 것은 여행을 시작한 후 런던에서였다. 그는 내 이상형에 그다지 부합하는 사람은 아니었지만 그럼에도 그 벌어진 틈 속으로 발을 디밀었던 것은 누군가 내가 가진 조건에 얽매이지 않고 나를 보아준 것이 요 근래에 처음 있는 일이었기 때문이었다. 시간을 거듭할수록 '내가 좋아할 수 없는 사람'이라는 한계를 절감하면서도 그와 시간을 보내고, 헤어진 후에도 한동안 힘들어했던 것을 생각하면 모든 여건을 초월하는 것은 결국 누군가 나에게 보여주는 애정의 크기인가 싶기도 하지만. 좋아할 수 있는 사람이 아니라면 본의 아니게 마음 상할 일들이 자꾸만 생긴다는 사실을 오만 가지 감정과 함께 바라보는 나날이 되었다. 어쩌면 이상형에 대한 지금의 정리는 다음 연애를 위한 마음의 준비 같은 것일지도 모르겠다.

런던에서 만난 그, H

 긴 공백기간 동안 한국에서 결국 망고스틴을 찾지 못해서였을까. 여행을 하는 동안 새로운 인연을 만날 수 있으면 좋겠다는 막연한 기대감이 어느덧 가슴 한 켠에 자리하기 시작했다. 그러나 영화 '비포 선라이즈'의 우연은 나에게 여성이거나 간혹 아저씨, 심지어 의젓한 초등학생으로 구현되었고, 길을 물어보다 서로를 발견하는 영화 '로마 위드 러브To Rome with Love'의 만남 역시 내게 '익스큐즈미'는 그저 길을 비켜달라는 말이었고 '땡큐'는 의례적인 인사에 불과할 따름이었다.

 호스텔에서 이따 같이 펍에 가자는 말을 슬쩍 건넨 이탈리아 여자애가 샤키라로 변신하는 동안 그 문장만 빼고 들은 나는 세수를 다하고 잠옷을 입은 채 샤키라의 놀란 눈을 마주하기도 했다. 펍에 가서 낯선 사람과 얘기를 하는 것은 아무래도 내키지 않았고 호스텔에서 크고 작은 이상한 일들을 겪으면서 아무쪼록 무례한 사람을 소심해야 한다는 경계심은 계속 높아만 갔다.

그러다 보니 학교도 학원도 가지 않는 일상에서 인연을 만날 기회는 좀처럼 주어지지 않았다. 영화 같은 일이 생기지 않는 현실에서 나는 데이팅 어플을 구동했다. 한국에 데이팅 어플이 조금씩 퍼져 나갈 즈음 이미 유럽에서는 많은 사람들이 어플을 통해 사람을 만나고 있었다. 온갖 별스러운 사람들을 걸러내고 그래서 언제까지 이곳에 있을 거냐는 질문을 여러 차례 받은 후, 그저 이야기할 수 있는 친구를 만들자고 생각했을 때 나는 H를 알게 되었다. 그는 여행자에게 인색하지도 그렇다고 관계를 가벼이 여기지도 않는 사람이었고 무엇보다 내가 가진 지표들이 아닌 '나'에게 관심을 보여왔다. 한국에서는 좀처럼 없는 일이었다.

흔히 '똑똑한 여자=피곤한 여자'의 등식이 성립하는 한국에서는 학벌과 직업 등으로 일단 사람을 재단하는 일이 빈번하게 일어났다. 어떤 영화를 좋아하는지, 어떤 스타일의 여행을 좋아하는지에 대한 이야기를 하기에 앞서 '어우 공부 많이 하셨네요', '와- 일 많이 하시겠네요' 같은. 어떻게 답해야 할지 알 수 없는 문장으로 대화가 시작되곤 했다. 상대의 스펙을 제쳐둘 수야 없겠지마는 스펙의 테두리 안에 사람을 넣고 틀에 박힌 관점으로만 바라보는 시선에는 숨이 턱 막혔다. '아 역시 예술 영화 좋아하시는구나', '바빠서 여행 가실 새도 없겠어요. 그쪽 일은 휴가도 잘 없죠?'. 꼭 예술영화를 좋아하는 건 아니구요, 여행은 언제나 좋아요. 웬만한 공휴일마다 틈을 내보려고 애쓸 만큼요. 그러나 대답해도 들어줄 이는 없었다.

나의 성격과 취향을 궁금해하는 대신 대학 시절과 일에 대한 질문을 늘어놓는 자리는 마치 고객과의 미팅 같았다. 한 인간으로서의 '나'를 궁금해하고 그저 '나'에게 호감을 느껴서 연애가 시작되는 일은 더 이상 불가능한 것일까 자문해보아도 답은 정해져 있는 것 같았다. 내가 지금까지 공부해 온 일이 언제부턴가 상대를 부담스럽게 하고 내 발목을 죄는 족쇄처럼 느껴졌다. 그런 나에게 "와 진짜 멋지다. 모두가 선망하는 그런 일이잖아. 나는 지적인 여자를 만나고 싶었어."라고 말하는 H의 반응은 커다란 문화 충격으로 다가왔다. 처음 만난 자리에서 우리는 좋아하는 감독과 영화, 작가와 책에 대한 이야기를 나누었다. 비록 서로 언급한 작품 중 절반은 서로가 모르고 있었지만.

그에게서는 지금까지 들어본 적이 없는 많은 칭찬을 들었다. 머쓱해하거나 아닌 척 감추었던 부분들이 누군가의 감탄을 자아내고, 지금까지 살아온 시간이 그 자체로 받아들여지는 기분은 무척이나 생소한 것이었다. 그의 제한 없는 찬사를 처음 접했을 때 나는 '엇 지금 칭찬을 받고 있는 건가' 의아해하며 눈을 끔뻑였다.

30년을 넘게 지내온 나의 사회는 칭찬에 인색했다. 일에서 그리고 연애에서도 사람을 길들이기 위해선 그이를 작게 만드는 편이 유효하다고 믿는 듯했다. 사람들은 누군가를 낮추면서 스스로를 높였고 '(이런) 나니까 (그런) 너를 감당하는 것'이라는 은밀한 암시를 건넸다. 그런 이야기를 하염없이 듣다 보면 어느 순간 이 사람이 아니면, 우리 회사가 아니라면 나를 받아줄 사람은 없을 것 같다는 생각이 저만치 뿌리를 내려갔다. 그렇지만 사실은, 다들 자신을 따스하게 바라봐주는 사람 곁에 머물고 싶은 것이 아닐까. 계속되는 그의 넉넉한 칭찬에 나는 점점 자연스러운 미소를 지을 수 있게 되었다.

오랜만에, 그것도 타국에서 홀로 여행하는 와중에 내게 애정을 주는 사람이 생겼다는 사실은 잔잔하던 일상에 꽤 커다란 파문을 낳았다. 그를 따라 공원 잔디밭에 눕고 혼자였다면 가보지 않았을 런던의 곳곳을 누비는 시간은 한가로이 흘러갔다. 사랑한다는 말도 가족에게 나를 소개하는 일에도 그는 주저함이 없었다. 그의 아버지는 주말이면 나를 초대해 맛있는 음식을 만들어 주었고 와인이나 라즈베리 사이다와 함께하는 영국식 집밥은 가족이 그리운 내게 작은 온기를 불어넣어 주었다. 소담히 차려진 음식보다도 '언제나 너를 환영한다'는 그들의 인사가 더 따스하게 와닿았던 듯싶다.

그렇지만 그 역시 망고스틴은 아니었다. 사람을 압박하지 않는 분위기에서 자란 사람이라면 일상에 조그만 틈새를, 몸에 배인 여유를 가지고 있지 않을까 하는 기대감을 그가 무너뜨린 것은 아니었다. 어디서나 관계를 흔드는 것은 성격의 다름이었다. 그에게는, 예상 가능한 고루함은 없었지만 가늠할 수 없는 불안이 있었다. 하고 싶은 것은 해야 하고, 하기 싫은 것은 하지 않는 '제멋대로'의 정도가 자주 예상의 폭을 넘었다. 성장 과정에서 별다른 제약을 받지 않아서였을까. 그의 일상에는 어떤 기준선이 없는 듯 보였고 나의 당부나 권유는 쉬이 잔소리가 되었다. 그와 다툴 때면 나는 언제나 영어에 '자기 멋대로'라는 표현이 없음을 애석해했다.

흥미를 잡아끄는 것과 그렇지 않은 것. 아마도 이것이 그에게 가장 중요한 척도가 되는 듯했다. 그 결과 그는 어느 것 하나에 진득하게 집중하지 못하고 때론 이야기를 하다가도 내 눈을 빗겨 저 먼 공상 속으로 시선을 돌리곤 했다. 길을 걷다 마주치는 신기한 물건이나 사람들, 가로등에 붙어있는 스티커에까지 일일이 관심을 보이는 그를 보며 나는 강아지랑 산책을 하는 게 이런 기분일까 상상했다. 특히 무겁거나 복잡한 감정에 대한 이야기를 할 때면 그는 중국집 테이블 돌리듯 금방 화제를 바꿨고 나는 점점 말하고 싶은 욕구를 상실해갔다. 자분자분 이야기를 나누며 나란히 함께이고 싶었던 나의 바람은 그의 곁에서 한숨처럼 흩어졌다.

감당하기 어려운 그의 성격에 더하여 런던에서 잠시 머무를 뿐인 나의 상황은 불안을 한층 가중시켰다. 연애의 본질은 '필요한 순간 서로의 곁에 있어주는 것'이라는 생각이 들 때마다 그럴 수 없는 나의 상황이 커다란 결함처럼 마음에 치였다. 언젠가 다툼을 이어가던 날, '우리의 관계가 꼭 도서관에서 빌려온 책 같다'는 말이 입에서 툭하고 흘러나왔다. 기한을 걱정하고 있는 나에게 그냥 떠나지 말고 남은 기간 동안 런던에 계속 머무르는 게 어떻겠냐고 말해준 이도 있었지만 나는 숱한 고민 끝에 예정대로 파리로 떠났다. 어쩌면 정말로 슬픈 것은 그의 곁에 더 머무르고 싶다는 결단이 서지 않는 내 마음에 있었다. 런던을 떠나는 날이 반납 기한처럼 느껴졌던 연유가 사실은 우리 사이에 벌어진 틈에 있음을 나는 모르지 않았다.

파리에서 시작된 롱디는 한층 더 괴로운 시간이 되었다. 그는 그 나름대로 롱디의 상황에 충실하려고 했던 것 같지만 가까이 있을 때도 만족스럽기 어려웠던 우리의 대화는 물리적 거리가 벌어지자 그 한계가 여실히 드러났다. 자주 덜렁대는 그는 종종 폰을 충전해 두지 않았고 오래된 그의 폰은 꼭 절묘한 상황에서 배터리가 나갔다. 오직 폰으로밖에 연락할 수 없는 런던-파리의 거리에서 나는 자주 초조해졌고 고작 한 시간의 시차에도 어지러움을 느꼈다. 거리는 문제가 될 수 없었다. 상대방의 마음을 배려하지 못하는 그의 성정에, 런던-서울 간 격차에 대한 그간의 걱정이 무색할 정도로 이내 우리의 연애는 막을 내리게 되었다.

그 무렵부터 '김영하의 책 읽는 시간' 팟캐스트를 듣기 시작했다. 나직이 귓가에 울리는 이야기가 좋았다. 내게 가장 익숙한 언어로 되어있는 말소리는 가만가만 마음을 도닥였다. 런던에서의 시간을 매듭짓고 다시 파리로 돌아오는 유로스타 안에서, '빌브라이슨 발칙한 유럽산책' 편 낭독을 마친 그는 이런 말을 덧붙였다. 시간이 지남에 따라 기억이 빠른 속도로 미화되는 것이라면 가장 슬픈 일은 변화 없는 삶을 반복하며 기억에 남을 만한 일을 만들지 않는 것이고, 어떤 힘든 기억도 시간이 지나고 나면 좋은 기억으로 남게 될 것이라고.

이번 여정의 가장 커다란 변수는 예상에 없던 만남 그리고 이별이었지만 내가 좋아하는 런던에서 누군가를 알게 되었던 것 역시 시간이 지날수록 좋은 기억으로 남을 일이겠지 - 생각하며 성큼성큼 북역을 빠져나오는 동안. 멀쩡하던 이어폰 한쪽이 뚝 - 하고 나가버렸다.

River Thames 〜 London *13 weeks*

런던에서 한번 살아보고 싶다는 생각으로 시작된 여정이었다. V&A 카페에 앉아 홍차를 마시며 이런저런 글을 쓰고, 일상처럼 초록이 가득한 공원을 거닐고 싶었다.

입국 심사를 마치고 3개월을 보낼 플랫flat으로 향하는 길에, 택시 기사 아저씨는 전에 이곳에 와본 적이 있는지 묻더니 "이 동네 진짜 괜찮은 곳이에요. 지내기에 좋을 겁니다." 웃으며 따스한 말을 건넸다. 그 말 한마디에 지친 마음이 사르르 풀어지는 기분이 들었다. 템스강 서쪽의 Battersea Bridge를 건너면 곧 등장하는 배터시Battersea는 유색인종이 자주 보이는 곳이었고 그들은 길을 걷다 실수로 부딪칠 때면 "Oops, sorry it's my fault." 라며 먼저 사과를 건넸다

이 괜찮은 동네에는 드넓은 공원과 아담한 도서관, 고소한 플랫화이트를 만드는 카페, 몽키 바나나를 덤으로 넣어 주기도 하는 유기농 마켓과 통나무로 지어진 예쁜 요가 스튜디오가 있었다. 기사님 얘기대로 배터시는 정말 살기에 좋은 곳이었고, 머문지 채 한 달이 지나기도 전에 나는 배터시에 살게 되어

서 다행이라고 생각했다.

 런던 여정은 여행 초반에 우연히 H를 만나게 되면서 예상과 완전히 다른 방향으로 흘러가게 되었다. 스스로 Bad navigator 라고 할 만큼 자꾸만 길을 잘못 드는 H와 런던 구석구석의 골목과 공원을 누비다 보니. 잔디밭에 풀썩 주저 앉는 것조차 꺼리던 나는 이내 아무렇지 않게 잔디 위에 누워 흐르는 구름을 바라보게 되었다.

 진하게 우린 홍차에 우유를 붓고 A와 R, T발음에 귀를 쫑긋 세우는 동안 커다란 구름 사이로 몇 차례 비가 지나갔다. 어디선가 갑자기 휭 - 하고 바람이 불어오면 모자는 순식간에 하늘을 날았고 지나가던 이는 웃으며 모자를 주워다 주었다. 다시, 바람의 기척을 느낄 때면 떠오르는 모자가 아닌 흩어지는 마음을 부여잡으려는 듯 나는 머리 위로 휘휘 손을 저었다. 런던을 떠나는 날이 점점 가까워지고 있었다.

~~~ 수변, 일곱 번째

HOMEMADE SCONE
SERVED WITH A CHOICE OF CLOTTED OR BUTTER & JAM
£3.95

런던에서 요가를 - Battersea Yoga

런던에 도착한 다음날, 근처에 있는 커다란 공원Battersea Park을 찾아가는 길에 예쁜 간판 하나가 눈에 들어왔다. 양 발 위로 연꽃이 그려진 황토색 간판에는 'Battersea Yoga'라고 적혀 있었다. 골목 안으로 고개를 기웃거려보니 아담한 오두막집이 한 채 보였다. 예쁜 요가원이 다 있네 싶었지만 가져온 요가복도 없고 새로운 지출을 할 수는 없다는 생각에 조용히 고개를 돌렸다. 그러고는 에든버러와 더블린의 호스텔에서 그랬듯 방 안에서 나름의 요가 동작과 스트레칭으로 운동을 대신했다.

그렇지만 런던을 떠나는 날이 점점 다가올수록 공원 옆 요가원 생각이 가끔 머릿속을 떠다녔다. 한창 H와 다투던 어느 날, 공원으로 떨쳐 가는 길에 요가 수업 팸플릿을 한 장 집어 왔다. 수업료는 서울보다 훨씬 비쌌지만 처음 방문하는 사람들을 대상으로 열흘간 25파운드를 내고 무제한으로 수업을 들을 수 있는 솔깃한 이벤트가 진행되고 있었다. 동한 마음으로 정현김에게 엄마, 나 요가복을 안 가져왔는데 그래도 여기서 요가를 해볼까- 괜한 말을 던져보았고 런던풍 요가복도 한번 사서 입어 보는 거지 뭐- 라는 대답에 기다렸다는 듯 요가복을 사러 첼시로 향했다.

일을 시작한 지 한 달이 채 안되었을 때 찬찬히 숨을 쉬고 싶어서 시작한 요가는 4년이 넘도록 이어졌다. 여행을 떠나오기 전까지 꾸준히 회사 근처 요가원을 다녔다. 대부분의 요가원이 그렇듯 그곳은 여자가 가득한 공간이었지만 그럼에도 몸을 드러내는 요가복을 입기는 뭐했다. 몸매에 자신이 없기도 했고 그런 주제에 배가 드러나는 요가복을 입는 건 왠지 눈흘김의 대상이 될 것 같았다. 필라테스를 할 때도 마찬가지였다. 회원님보다 덩치가 큰 분들도 배 드러내고 운동하고 그래요- 라는 말을 들어도 항상 꽁꽁 배를 감췄다. 배가 좀 들어가면 언젠가 꼭 탑을 예쁘게 입어봐야지 생각했지만 생각이 실현되기란 언제나 어려웠다.

여행을 계속하면서 살이 조금씩 빠지기는 했는데 여전히 드러낼 수 있는 몸매와는 거리가 멀었다. 그런데 왠지 런던에서는 입고 싶었던 탑을 입을 수 있을 것 같았다. 배꼽티 아래 굴곡진 배를 아무렇지 않게 드러내고 다니는 여자들이 종종 눈에 띄어서였을까. 이차피 잠깐 머물렀다 가는 이름 모를 동양인인데 입고 싶은 옷 좀 입으면 어떤가 하는 생각이 들었다. 나는 한 스포츠 매장에서 가슴 부근에 X자로 끈이 교차되는 스포츠 브라 형식의 탑과 앞 부분에만 망사가 조금 섞인 타이즈를 샀다. 그 위에 가디건을 걸치기도 했지만 한 번도 해보지 않은 차림으로 런던 거리를 활보하니 마음 한구석이 이상하게 후련했다. 그간 몸을 사리던 굴레를 한 꺼풀 벗어던진 기분이 들었다. 많은 사람들이 운동복을 입은 채로 거리를 오갔고 아무도 그들에게 대놓고 시선을 던지지 않았다. 덕분에 요가인이 된 지 4년 만에 처음으로 나는 가벼이 길을 나서고 바람에 몸을 말리며 집으로 돌아왔다.

주어진 열흘 중 하루를 제외하고 9일 동안 총 10개의 수업을 들었다. 주로 요가의 종류를 기준으로 수업을 분류하는 서울과 달리 이곳에는 정말 다양한 수업들이 있었다. 명상과 호흡에 대한 수업이 있었고 한 주를 마무리하는 일요일마다 초를 켜고 생각을 정리하는 수업이 있었다. 무엇보다 신기했던 것은 Restorative Yoga 수업이었는데 요가 수업을 일단 '운동'을 하는 시간으로 생각하는 우리와 달리 몸과 마음을 회복하는 시간 역시 하나의 수업으로 구성하는 점이 인상적이었다. Restorative Yoga에 대한 호기심으로 들어간 수업에서 나는 눈가리개를 덮고 둥그런 쿠션에 기대어 누워있거나 몸의 한쪽을 늘이며 마음을 내려놓은 채 이런저런 명상 음악을 들었다.

커다란 징처럼 생긴 악기 Gong의 소리를 들은 것도 이 수업에서였다. 사이를 두고 Gong을 한 번 두 번 울릴수록 서로 다른 울림이 겹겹이 쌓여 소란한 생각을 흩뜨려 주었다. 그 소리의 더께 속에서 잠시나마 평온함을 맛보고 난 후, 나는 수업 시간마다 선생님이 Gong을 쳐주기를 소망했다.

각 수업은 스티로폼 블럭, 나무 베개, 담요, 둥그런 쿠션, 기다란 쿠션, 눈가리개 등 다양한 도구를 활용하여 진행되었고 근육이 많이 당기는 동작을 취할 때는 쿠션이나 블럭을 이용해서 몸을 덜 불편하게 하는 방법이 권장되었다. 아름다운 실루엣과 함께 얼굴 전체에서 좋은 기운이 느껴지는 전형적인 요가 선생님이 있는가 하면 옆집 아저씨 같은 선생님도 있었고 마르지 않은 친근한 보디라인의 선생님도 있었다. 일정 사이사이에는 다른 나라를 돌아다니며 수련을 하다가 런던의 요가원을 찾은 선생님들의 특별 수업이 있기도 했다.

서울의 요가원에서도 가끔 외국인이 수업을 듣는 일이 있었다. 그들은 때로 혼자만 다른 동작을 취했고 대부분의 동작이 반 박자 늦게 완성되었다. 한국어 수업은 아무래도 어려울 듯싶어 어쩌나- 하는 마음으로 바라보기만 했었는데, 영어로 요가 수업을 듣는 일 역시 크게 다르지 않았다. 나는 틈만 나면 고개를 두리번거리며 수업을 제대로 따라가고 있는지 살피는 학생이 되어있었다. 그러다 보니 서울에서는 선생님을 가까이서 볼 수 있는 앞줄을 선호했지만 여기서는 보다 많은 사람을 볼 수 있는 뒷줄이 편했다. 서울의 요가 수업이 동작을 어떻게 취해야 하는지에 대한 세부적인 설명으로 진행되었다면 런던에서는 몸을 움직일 때 가져야 하는 마음가짐과 느낌에 수업의 상당 부분이 할애되어서. 나는 그럴 때마다 우와 무슨 이야기를 이렇게 많이 하는 거야 – 긴장하며 긴 영어에 귀를 세웠다. 자세를 취할 때마다 들려오는 'Oooh lovely!' 소리엔 버티는 중에도 반짝 힘이 났지만.

적적한 마음으로 향한 마지막 수업에서는 요가를 시작하기 전 옆 사람과 오늘 왜 이 수업에 오게 되었는지를 서로 나누는 시간이 있었다. 나는 순간적으로 마음의 평온을 위해 여기 오게 되었다는 말을 했고 내 옆 매트에 앉아있던 리사는 무슨 말인지 알겠다는 표정으로 고개를 끄덕였다. 그녀는 몸 여기저기가 항상 아파서 몸의 평안을 위해 이곳에 왔다고 했다. 수업 중 가끔 몸이 부딪치게 되는 옆 사람과 짧게나마 이야기를 하고 나니 요가를 하는 동안 마음이 한결 편했다. 수업이 끝나고 그녀는 또 만나게 되길 바란다는 인사를 건넸고 나는 오늘이 마지막 시간임을 혼자 아쉬워했다.

7월 런던에서의 열흘을 생각하면 Ooooooh lovely! 하는 그녀들의 목소리와 함께 예쁘던 요가원의 풍경이 떠오른다. 커다란 창 너머로 바람이 나무를 흔들고 지붕 위로 자작자작 빗물이 떨어지던 작은 코티지의 모습이. 비록 열흘의 시간 동안 온전한 마음의 평온을 얻지는 못했지만 코티지의 나무 바닥 위에 누워 나는 잠시라도 편안히 숨쉴 수 있었다. 얼마 남지 않은 런던에서의 시간을 생각하는 대신 오두막집에 가득 찬 공기를 천천히 들이마시고 내쉬는 동안 분명해지는 것들이 있었다. 남은 여정을 내가 원하는 방향으로 나아가는 것. 그것이 내가 이곳에 있는 이유였다.

세수도 않은 채 모자를 푹 눌러쓰고 집에서 10분 거리에 있는 요가원으로 향하는 아침. 저 모퉁이를 돌면 나타나는 나의 자리 위로 천천히, 부유하는 상념들이 가라앉았다.

영어가 정말 늘지 않을까 하던 기대에도 불구하고

하루 온종일 영어를 써대는 나라에 있으면 슬금슬금 실력이 늘지 않을까. 저 슬금슬금의 느낌이 항상 궁금했다. 아무렇지 않게 주루룩 말하고 스스로 놀라는 그 신선함이. 나름 언어 감각이 좋은 편이라고 생각했기에 영국 생활에서 일어날 변화가 기다려졌다. 그렇다고 다시 어딘가에 매이고 싶지는 않아서 어학원을 알아보는 대신 자연스럽게 나를 영어 속에 놓아두기로 했다.

결과적으로 실생활 속에 나를 풀어 놓고 보니 흔히들 얘기하는 계단식 실력 향상을 과연 계단이라고 할 수 있을지 의문이 들었다. 들판과 같은 평지가 한없이 이어지고 낮은 단 위로 잠시 올라서면 다시 이어지는 평지 위에서, 나는 오르는 것이 아니라 다음 단을 찾아 직진을 거듭하고 있었다. 이런 슬금슬금이었다니. 다섯 살 때부터 유치원에서 배운 영어를 술술 말할 수 없는 스스로에게 조금씩 매일 실망하는 날들이 계속되었다. 사용하는 단어는 여전히 한정되어 있었고 어순을 고르고 문법을 맞추는 데 항상 시간이 걸렸다. 그리고 그 틈은, 신경쓰지 않아도 두루룩 나오는 한국어와 달리 아무리 해도 영어는 '외국어'라는 사실을 내게 자각시켰다. 영어 생활권에서 나는 그저 용을 쓰고 있는 한 명의 외국인이었다.

또 하나의 난관은 British English였다. 초반에는 런던 숙소의 예약 상황 때문에 바스에서 요크와 에든버러로 점점 올라가야 했는데 그럴 때마다 한층 더 짙어지는 악센트를 마주하게 되었다. 특히 몇몇 스코틀랜드 사람들의 R 발음은 생각보다 굉장해서 잠시 넋을 잃고 그 소리에 빠져들다 보면 필히 다음 말을 놓치고 말았다. 초집중하여 귀를 세우는 시기를 보내고 런던으로 넘어온 후에는 플랫 메이트들과 어떻게든 대화를 이어가는 단계에 이르렀지만. 요리를 하고 냉장고 문을 열었다 닫으며 말을 흘리는 이들 옆에서 나는 모든 하던 일을 멈추고 말소리에 집중했다.

런던에 도착한 첫 주에는 동네 도서관을 찾아가 책을 빌려왔다. 뮤지컬을 보기 전에 다 보자는 각오로 빌린 로얼드 달의 'Matilda'와 하루키의 'Wind/Pinball', 'Birthday Stories' 이렇게 세 권이었다. '바람의 노래를 들어라'와 '1973년의 핀볼'의 합본인 'Wind/Pinball'은 이미 읽었던 작품이라 상대적으로 얇은 'Wind'만 시도해보자는 생각이었고, 'Birthday Stories'는 아직 국내에 번역되지 않은 작품이라-다른 작가들의 단편소설을 제외하고 하루키의 단편만 2018년에 '버스데이 걸'로 출간되었다-호기심이 일었다. 'Matilda'는 하필 어린이 코너에 있어서 서가를 기웃거리는 동안 그 안에 앉아있는 모든 어린이들과 학부모의 시선을 느껴야만 했는데 그래서 그런지 도무지 책이 보이지 않았다. 결국 사서 언니가 저쪽에서 찾아다 준 분홍색 책은 어린이가 읽기엔 상당히 두툼해보였고. 결과적으로 나는 대출기간을 두 번이나 연장하고도 한 권도 다 읽지 못한 채 터덜터덜 책을 반납했다.

H를 만나면서 혼자 분투하던 시간이 줄어든 영향도 무시할 수는 없었다. 처음에는 장시간 동안 영어를 듣고 있는 것만으로 머리가 어지러워져서 오늘은 영어 그만!을 선언하고 집으로 돌아가기도 했는데 점점 아무런 불편함이 느껴지지 않았다. 전화 영어 같았던 통화도 어느덧 기다려지는 시간이 되었고 원래의 내 특성대로 그를 곧잘 웃기기도 했다. 그렇지만 언어의 계단을 오르는 감각보다 더 자주 언어의 장벽에 부딪히는 느낌을 받았다. 누군가 컬쳐 쇼크에 대해 이야기할 때마다 한국 사람과도 컬쳐 쇼크가 없지 않고 같은 한국어라도 서로의 언어가 다를 수 있다고 말해오던 나였는데. 언어의 다름은 생각보다 견고했다.

단어와 어순에 더하여 발음과 악센트까지 신경쓰다 보면 이따금 걸음이 느려졌고, 힘들게 완성한 문장을 H가 스윽 넘기거나 대수롭지 않게 반응할 때는 그 야속함이 배로 커졌다. 내가 어떻게 만든 온전한 문장을… 싶은 마음으로 저만치 흘러가버린 단어의 조합을 바라볼 뿐이었다. 듣는 것 역시 시간이 지날수록 전부 알아들을 수 있을 거라는 희망과 다르게 H가 점점 말을 빨리 하면서 What?과 Pardon? 사이에서 나는 여전히 머쓱해졌고. 반대로 나의 이야기에 그가 Pardon? 하고 되물어 올 때면 언제나 잠시 주춤하게 되었다. 누구나 아는 배우나 영화, 쇼 프로그램을 서로는 몰랐기에 길게 이어지는 부연 설명에 애초 품었던 말의 기세는 떨어져 갔고 어느 순간부터 나는 영어 문장을 만들기에 앞서 그가 알아들을 수 있는 내용인지 검열 기제를 먼저 거치게 되었다.

그리고 들을 때마다 영 마음이 서걱거리던 말이 우리 사이를 비집고 들어왔다. 누군가 부정적인 생각을 내비쳤을 때 왜 안 되는 거죠? 라고 받아치는 분위기에 익숙하지 않아서였을까. 네가/우리가 그러지 않았으면 좋겠다는 의사를 조심스레 말할 때마다 종종 등장하던 간단명료한 'Why not?'에 나는 언제나 말문이 막혔다. 그래도 무언가를 하고 싶다고 조근조근 설명하는 대신 또렷한 눈으로 던지는 'Why not?'의 화법 속에서 나는 그저 그의 행동을 제약하는 방해꾼이 된 것만 같았다. 슬프게도, 늘 즉흥적으로 무언가를 하고 싶어하는 그와 상대방의 의사를 고려하면서 제안해주길 바라는 나 사이에서 'Why not?'은 영영 사라질 기미를 보이지 않았다.

그런가 하면 서로 사용하는 언어가 달라 미묘하게 감정이 상하거나 사소한 다툼으로 번지는 일도 있었다. 그들이 자주 쓰는 lovely나 sweet, fantastic 같은 단어들이 낯선 사람에게 붙으면 미묘하게 기분이 나빴고, 쑥스럽다는 의미에서 shameful을 썼다가 H의 표정이 심각하게 바뀌는 일도 있었다.-그럴 때는 embarrassed를 써야 한다고. shameful은 쪽팔림과 수치스러움에 가까운 단어라는 설명이었다-무엇보다 동양의 문화가 간단히 cute라는 수식어로 마무리될 때마다 upset으로 채 담아지지 않는 서운함이 얼룩처럼 번졌다. 조심스레 꺼내놓은 아끼는 노래와 어렵사리 늘어놓은 영화 줄거리가 그저 cute해질 때 나는 치밀어 오르는 무언가를 삼키고 cute하지 않은 싸이PSY 노래를 틀었다. 그 외에도 나는 속이 '깊은' 사람이 좋다, 이런 게 '아쉽다', 누구는 '제멋대로인' 경향이 있다, 나는 이제 '내려놓았다'는 식의 직역이 불가능한 말을 영어로 변환하는 일은 항상 석연치 않은 뒷맛을 남겼다.

언어의 장벽을 앞에 두고 우리는 자주 다퉜고 말을 주고받는 사이 점점 무너져가는 Broken English를 바라보는 일은 나를 한층 절망적으로 만들었다. 한창 싸우는 중에 내가 들고 있는 칼이 잘 안 든다는 사실을 발견하는 기분이었다. 감정이 고조되면서 나는 때때로 기본적인 문법을 놓쳤고 모든 악센트와 발음을 무시하며 한국말처럼 영어를 했다. 멈추어 서서 말을 고르는 와중에 그가 "제발 걸어가면서 얘기할 수는 없겠어?"라고 말하는 순간에는 진심으로 한국말로 싸우고 싶은 기분이 들었다. 평소에도 급할 땐 의문문 도치를 생략하고 말끝을 올려 질문을 하는 나에게 H는 넌 가끔 요다처럼 말한다는 얘기를 했고 그게 무슨 말인가 했던 나는 나중에야 요다가 어순을 바꿔서 말하는 캐릭터라는 사실을 알게 되었다.

또 다른 불편함은 TV나 라디오를 켤 때마다 생겨났다. 코미디나 시사 인터뷰 등 자기가 좋아하는 TV 프로그램을 나와 공유하고 싶어하던 H는 같이 있는 때에 불쑥 TV를 켜거나 유튜브를 재생했고 카톡을 하는 와중에도 갑자기 유튜브 링크를 보내곤 했다. 영어 자막 없이 그런 방송을 이해하는 것은 일종의 부담으로 다가왔고 내 의사와 상관없이 눈 앞에 영상을 들이미는 그에게 나는 종종 피로감을 느꼈다. 특히 식사 전후로 H와 그의 아버지는 TV나 라디오의 코미디 프로를 즐겨 들었는데, 문화와 언어 유희의 집대성 앞에서 나는 굳어가는 안면 근육을 숨기지 못한 채 혼자만 웃음의 포인트를 잡지 못했다. 좋아하는 것을 같이 공감해주지 못하는 내 능력치가 영 마음에 들지 않았지만 그렇다고 사회적 약자를 손쉽게 개

그의 소재로 삼는 스탠딩 코미디에는 아무래도 같이 웃어줄 기분이 나지 않았다.

그 결과 방에 TV가 있으면 매일 켜놓고 영어를 들어야겠다던 계획이 무색하게 3개월 동안 나는 딱 한 번 내 방의 TV를 틀었다. 원래 TV를 잘 보지 않는 편이기도 했지만 하루 종일 영어를 써야 하는 상황에 시달리고 돌아오면 더 이상 영어가 없는 공간이 절실했다. 한국어로 계속 글을 써나가야 했기에 한국어가 주는 감성을 어떻게든 붙잡고 싶은 마음도 있었다.-아마도 비슷한 이유로 빌려온 책을 잘 펴들지 않았던 것 같다는 핑계를 붙여본다-방에 돌아오면 나는 영어 속에 놔두었던 나를 얼른 거둬들여 카톡으로 한바탕 속풀이 대화를 벌이거나 한국말이 나오는 영상을 보며 기운을 얻었다. TV 리모콘은 수납장 저 구석에 밀어놓고서.

그토록 궁금해 마지않던 '슬금슬금'의 실체를 마주하고 영어와 한국어의 깊은 차이를 절감하던 어느 날 V&A의 정원을 가로지르는데 문득 그런 생각이 들었다. 온전히 자유로운 시간을 얻은 지금에 와서도 줄곧 성에 차지 않는 부분을 심란하게 바라보고 있는 건 너무 가혹하지 않은가 하는. 고작 3~4개월을 있으면서 영어를 줄줄 말할 수 있게 될 거라는 기대부터 분수에 맞지 않은 과도한 욕심이었음을 받아들이기로 했다.

그때부터 최대한 예전보다 나아진 모습을 바라보고 스스로를 격려하기로 마음을 먹었다. 아침에 눈을 뜨자마자 영어를 쓰는 일에 버퍼링이 없어졌을 때, 누군가 휘익 흘린 말을 무심결에 알아들을 때, 영어 안내문을 읽는 것에 거부감이 없어졌을 때, 정류장에서 버스를 기다리며 말을 걸어오는 할머니와 담소를 나눌 때 나는 작지만 은은히 퍼져 나가는 기쁨을 느꼈다. 여전히 급하게 말할 때는 요다처럼 얘기하고 외국 영상을 접하면 몇 분짜리 영상인가부터 체크하는 나였지만 영국에서 지내는 동안 분명 몇 개의 낮은계단을 올라섰고, 스스로에 대한 실망에서 더 일찍 헤어나올 수 있었다면 그것은 보다 즐거운 걸음이 되었을 것이다. 훗날, 그토록 스트레스였던 영어가 파리에서는 무척이나 반가운 말이 되는 아이러니한 국면을 맞이하게 되지만, 그 이야기에 앞서 고생스러웠던 British Accent에 대한 추억을 먼저 들여다보기로 한다.

British Accent에 다가가는 일

BBC '셜록'에서의 낮고 빠른 베네딕트의 말투를 포함하여 그간 자막과 함께 접했던 British Accent는 멋있고 근사한 것이었다. 2015년 베네딕트의 연극 '햄릿'을 그토록 보고 싶었던 이유 역시 베네딕트의 동굴 보이스와 영국 발음을 직접 들어보고 싶다는 바람에서였다. 지하철 파업과 배고픔에 지친 당일, 어려운 대사가 쏟아지는 와중에도 베네딕트의 입이 열리면 그의 소리에 온 신경이 쏠렸다. 이해할 수 없어도 아름다운 말이 있었고 그의 목소리로 터비 오아 널 터비To be, or not to be를 듣는 것만으로 살아있어 행복한 시간이 되었다그리고 그의 cheek bone과 기다란 손가락과….

영국에 있는 동안 또박또박 분명히 말하면서도 우아한 높낮이를 구사하는 British Accent에 익숙해질 상상을 하면 그날의 감흥이 되살아났다. 그러나 영국에서 British Accent를 마주할 때마다 나는 그간 구사해온 영어가 그토록 미국식이었음을 통감하게 되었다. 그들의 멋진 악센트는 이따금 알던 단어를 낯설게 만들었고, 어순과 단어에 급급하다 미처 억양을 잡지 못하고 입을 열면 자연스레 혀가 굴렀다. 그런 나에게 H는 종종 "기왕 런던에 왔으니 British Accent로 말하는 게 좋지."라고 했는데 나는 그중 절반은 알겠다고 답했지만 나머지 절반은 내가 지금 어떻게 발음까지 챙겨가며 말하겠냐는 표정으로 입을 다물었다.

미국 영어와 다른 British Accent는 크게 T와 R을 거치면서 발생했다. 그리고 의외로 A와 O 발음 또한 상당히 깊은 혼란을 초래하곤 했다. 런던에서 6개월 동안 어학연수를 했던 P가 초반에 전혀 알아들을 수 없었던 단어가 'Hot Water Bottle'이라고 했던 것이 이해될 정도로 영국 사람들은 T를 확연히 다르게 취급했다. 단어 중간에 있는 T를 곧잘 'ㄹ'처럼 흘려 발음하는 미국 영어와 달리Butter, Bottle 항상 분명히 'ㅌ'발음을 하는 식이었고 특히 T가 단어 중간에 있는 경우에는 한 텀, 쉬어가는 느낌으로 T를 사이시옷처럼 활용했다. 이를테면 우리가 아는 버러는 벗/허, 바를은 벗/흘이 되었던 것이다.

'핫 워러 바를'에서 '홀 윗/허 벗/흘'에 익숙해지는 데는 아무래도 시간이 걸렸다. 특히 어떤 단어가 T로 끝나고 그 다음에 모음으로 시작되는 단어가 올 때는 'ㅌ'을 분명히 살려줘야 했는데 그러면 Not at all은 이곳에서 나래롤이 아닌 노테톨

이 되어야 했다. 그러나 급히 구른 나의 혀는 항상 자연스럽게 나래롤을 입 밖으로 내었고 그건 마치 휘핑크림은 빼고-달라는 커피 위에 휘핑크림을 수북이 얹어 낸 듯한 망측함을 가져왔다.

R 발음을 잘 살리는 것이 관건인 미국 영어와 달리 이곳에서는 R을 은근히 처리하는 분위기가 있었다. R은 앞에 있는 모음을 장음처럼 늘일 뿐이었고marvelous마-블러스, 단어 끝에 있는 R은 강백호가 레이업슛을 하듯 살포시 끝을 높이면 그만이었다콤퓨타-. '얼', '럴'하면서 혀를 말지 않고 뒤의 R을 스무쓰하게 잘 놓아두고 오는 것만으로 British Accent에 성큼 다가서는 느낌이 났지만 생각처럼 쉽지가 않았다. 그렇다고 익숙한 '얼럴' 발음을 택하면 그게 그렇게 튀어 보일 수가 없었다. 특히 Computer는 툭하면 컴퓨럴이 되었는데 그럴 때마다 H는 '오 미국 발음이다' 하는 표정으로 나를 바라보았다.

T나 R만으로도 British Accent는 녹록지 않은 그 무엇이었지만 우리가 보통 '애'나 '에이'로 발음하는 A가 장음 '아'나 '어'로 발음되는 것 역시 새롭게 다가왔다. 내가 알던 그뤠쓰Grass는 그라아쓰가 되었고 캐앤Can't은 커언트로 변모했다. '아'로 발음되지 않는 O마저 충실히 거리감을 늘렸고Popular폽퓰라- 요가원에서 내 몸Body은 바리가 아닌 보디가 되어있었

다. 다행히도 귀는 낯선 A와 O의 소리에 서서히 익숙해져 갔지만 T나 R을 신경쓰던 입은 걸핏하면 A와 O의 발음을 놓쳤다.

그러나 크게 T와 R, A와 O 네 개의 발음만 놓치지 않으면 그럴싸한 British Accent 느낌을 낼 수가 있었다. 내가 어쩌다 British Accent를 흉내 내면 H가 지금 발음이 너무 좋았다며 한 번만 더 해보라고 하는 통에 민망함이 앞섰지만. 플랫 메이트들이나 점원들하고 대화를 하다가 방금 전의 발음이 나쁘지 않았다!는 생각이 들 때면 혀 끝에서 선선히 뿌듯함이 번졌다. 아름다운 억양이 내 입에서 나오다니. 그 감각을 위해 단어를 또박또박 발음하고 있으면 덤으로 다음에 이어질 말을 생각할 수 있는 작은 틈새가 주어지기도 했다.

그리고 언젠가부터 단어를 하나하나 정확하게 발음해주는 영국 영어가 듣기에 더 수월하게 느껴졌다. 오랜만에 본 미드 'New Girl'에서는 주르륵 흐르는 말들을 캐치하기가 새삼 어려웠고, 마지막 한 달을 같이 있었던 플랫 메이트들과 대화를 할 때면 영국 영어를 사용하는 스위스인 마리아보다 단어를 곤잘 흘리는 호주인 클레어의 발음에 항상 신경을 기울여야 했다. 뒤늦게 한국에서의 듣기 평가가 영국 발음이었더라면 연음을 가려내는 수고로움을 덜 수 있지 않았을까 하는 생각마저 들었다.

런던의 내 방 침대 위에 누워있으면 종종 창문 너머로 굴곡진 노랫소리 같은 British Accent가 들려왔다. 소리가 멀어질 때까지 가만히 귀를 기울이고 있다가 저 노랫소리에 다가가는 이 감각을 어느 순간 모두 잊어버리겠지 생각하면 곁이 허전했다. British Accent를 온전히 흉내 내는 것과 별개로 생경한 영국 발음은 언제나 기분이 좋아지는 말소리였고, 영국을 떠난 후에 어디에선가 British Accent가 들려올 때면 반가운 마음이 앞섰다. 여행이 끝날 때까지 영어를 쓸 때면 나는 어디서든 또박또박 영국 발음을 시도하려 했다. 무던히 가까워지려고 애썼던 그 억양이 입 안을 채우고 귓가에 닿으면 영국에서의 나날이 내 안에 여실히 남아있는 기분이 들었다.

La Seine ~~ Paris *6 weeks*

파리에서의 장기 체류는 오랜 로망이었다. 런던에 있는 동안 예정대로 파리로 옮겨가는 것이 과연 옳은 선택일지 고민이 들 때마다 나는 그간 품어온 로망을 생각했다. 카페 테라스에 앉아 글을 쓰고 올록볼록한 돌길을 걸어 센 강으로 향하는 일상을.

드디어 생 제르맹 데 프레Saint-Germain-des-Prés에 있는 Café de flore에서 베일리스 에스프레소를 마시고 퐁피두 센터의 Café Mezzanine에서 글을 쓰고, 이따금 밤의 센 강을 걷는 동안에도 나는 생각만큼 행복하지 못했다. 런던으로 향해 있던 신경과 하나의 만남이 사그라드는 사이 내가 할 수 있는 일은 그저 열심히 요가원을 오가고 과일가게와 모노프리Monoprix에서 장을 봐다가 매일같이 요리를 하는 것이었다.

그토록 그리던 파리에서 불안과 상실을 끌어안게 된 것은 무척 애석한 일이었지만. 프랑수아즈 사강의 '슬픔이여 안녕 Bonjour Tristesse'을 쥔 채 뤽상부르 공원의 초록 이파리를 바라보고, 카페 테라스에 앉아 지나가는 사람들을 물끄러미 쳐다보면서 나는 조금씩 심연에서 헤어 나오려 했다.

 새벽녘 기다란 창이 있는 복층 스튜디오에서 문득 눈이 떠지면 언제나 새카만 허공이 있었다. 물끄러미 떠있는 어둠 속에서 나는 홀로 파리에 있었고, 내 곁에는 이 도시가 유일했다. 벽쪽으로 몸을 돌려 스르르 감은 눈을 떴을 때, 생기있는 아침의 소리가 들려오면 조심조심 사다리를 내려가 남색의 기다란 커튼을 걷었다. 다시 화사한 파리의 아침이었다.

~~~ 수변, 여덟 번째

어디에나 있었던 사람 스트레스 2.
- Flat에서 생긴 일

English Flat의 실상

고등학생 때 박언니와 함께 보러 간 영화 '스페니쉬 아파트먼트The Spanish Apartment'에서 적잖은 충격을 받고 돌아온 기억이 있다. 한 아파트에서 7명의 하우스 메이트들이 한데 모여 생활을 할 수 있다는 게 가장 신기했고-영화의 세부 내용은 제쳐두고-친구처럼 남처럼, 때로는 유사가족처럼 한집에서 알콩달콩 지내다 보면 재미있는 일들이 생겨나겠지 싶었다.

숙소 가격이 높기로 유명한 런던의 에어비앤비는 가격이 적당하다 싶으면 대부분 플랫을 공유하는 형태가 많았다. 3개월을 체류할 예정이었던 런던에서 마침 내가 고른 플랫은 개인실을 사용하면서 화장실 두 개, 부엌 한 개를 나머지 세 명의 플랫 메이트와 공유하는 셰어하우스였다. 플랫을 예약하기 전, 나는 잠시 스페니쉬 아파트먼트의 로망을 떠올렸다. 하메하우스 메이트들과의 추억을 쌓아가는 드라마 '청춘시대'의 풋풋함도 잠시.

더블린에서 런던에 도착한 날, 입국 심사를 마치고 벤치에 앉아 숨을 돌리려는데 호스트 P로부터 메시지가 왔다. 급작스레 생긴 일과 교통 체증으로 인해 조금 늦어질 것 같다고. 조금은 30분에서 1시간 반으로 늘어났고 결국 자기 대신 친구가 숙소를 안내해줄 거라고 말이 바뀌었다. 전화를 걸 수 없는 폰을 들고 무턱대고 건물 앞에서 기다리는 동안 심장이 쿵쿵 뛰었다. 다행히 나를 보며 걸어오는 이가 나타났고 A 덕분에 무사히 플랫 안으로 발을 들일 수 있었다.

공간을 소개받고 이런저런 질문을 마칠 때까지 집 안이 쥐 죽은듯 조용해서 지금은 아무도 없나 보다 싶었는데, A가 나가자마자 방문이 열리며 플랫 메이트들이 하나둘 나오기 시작했다. 그리스인 조지와 일본인 미쿠. 나보다 먼저 장기 체류를 하고 있는 이들이었고 비어있는 나머지 방에도 곧 새로운 메이트가 들어올 예정이라고 했다.

내 물건을 마음껏 늘어놓을 수 있는 개인 방이 있으면서 매일같이 마주치는 한집 사람들과 간간이 대화를 나눌 수 있다는 건 예상대로 좋았다. 혼자이되 외롭지 않을 수 있었다.

그렇지만 잠깐 스치거나 한 끼 밥을 먹기에는 괜찮아도 같이 생활을 하기에는 괜찮지 않은 사람이 있기 마련이고, 사람 자체는 매력적이어도 같이 살다 보면 그 매력이 휘발되는 일도 종종 있었다. 누군가에게는 나도 그러할 테고.

새로 들어온 영국인 준은 우아한 미소에 동작마다 여유로움이 묻어나는 사람이었지만 아무래도 공동생활에 맞지 않는 메이트였다. 그녀는 음식물을 그대로 남겨두는 설거지 방식을 고수하는 외에도 가스 불을 끄지 않은 채 그대로 두기도 했고, 화장실 변기 앞에 오물을 남겨두어 슬리퍼를 버린 미쿠가 기겁하며 내 방문을 두드리는 일도 있었다(미쿠는 그녀가 아무래도 정신이 이상한 것 같다고 했다). 마지막에는 숙소의 계약 문제로 호스트와 다투다가 밤중에 경찰에 신고를 하는 소동을 벌인 후에야 그녀는 플랫에서 나갔다.

그러나 극단적인 메이트였던 준이 아니더라도 다들 어느 부분에는 치밀하면서 다른 부분에 한없이 느슨한 태도를 취했다. 조지는 무난하고 젠틀했음에도 가끔 밤 늦게 큰 소리로 통화를 하며 예에-소리를 질렀고, 미쿠는 공동 공간에 자기 물건을 늘어놓는 식으로 알게 모르게 텃세를 부리다가도 영어로 전화해야 할 일이 생기면 아무때고 내 귀에 전화기를 가져다 대었다. 스위스인 마리아와 호주인 클레어는 샤워 후 수챗구멍에 걸린 머리카락을 언제나 그대로 두었고 쓰레기를 내다 버리는 일에는 한 번도 관여하려 들지 않았다.

집주인의 본모습

장기 체류자가 체류 기간 동안 겪어야 하는 사람은 같이 사는 메이트가 전부는 아니었다. 숙소를 예약할 당시만 해도 P의 첫 인상은 쿨하고 괜찮은 사람이었다. 내가 글을 쓰면서 런던에서 3개월 동안 머무를 생각이라고 했을 때 그는 자신도 음악 관련 일을 하고 있다며 충분히 공감한다는 메시지를 보내왔다. 그러나 플랫에서 3개월을 지내면서 P에게 받은 느낌은 그가 에어비앤비 호스트 생활에 꽤 지쳐있으면서도 현재의 관심사가 오로지 '돈'뿐인 집주인이라는 것이었다.

그는 네 개의 방에 어떻게든 장기 숙박객을 받고 싶어했고 이따금 방을 보러 오는 사람들과 함께 플랫을 찾았다. '방을 보여주는 상황'이 일어날 때마다 그는 당일 아침에 메시지를 보내 공동 공간을 깨끗이 해달라는 압박을 가해왔고 조금 먼저 도착해서는 개인실을 정리하기도 했다. 내가 네 방을 좀 손대도 되겠니? 영국인 특유의 형식적인 양해를 구하면서. 그럴 때면 오래 전 학교에 장학사가 찾아오던 날이 생각났다. 누군가에게 보여주기 위해 인위적인 깔끔함을 만들어내던 그 분위기가. 그는 메이트들이 잠그고 나간 방문을 아무렇지 않게 열어 방문객들에게 보여주고는 했고, 하필 플랫에 자주 머물러있던 나는 그와 마주칠 일이 많았다.

손님이 가고 나면 그는 다시 내 방을 노크했고 방문을 열면 예의 잔소리가 시작되었다. 초반에는 생활하면서 지켜야 할 유의사항 같은 건가 보다 싶어 경청하던 얘기들은 몇 번이고 거듭되어 나중에는 일종의 푸념처럼 느껴졌다. 그의 말대로 항상 가스불을 제대로 끄고, 시간이 지나면 라디에이터의 스위치를 돌리고, 샤워 후 온수 연결 고리를 내리고, 수챗구멍에 낀 머리카락을 손으로 끄집어내던 나로서는 그 시간에 집에 있다는 이유만으로 번지수를 잘못 찾은 잔소리를 반복하여 듣는 게 점점 버거웠다. 나더러 다른 플랫 메이트들을 한 명씩 붙잡고 같은 말을 repeat after me 하라는 의도였을까. P의 잔소리에도 불구하고 샤워 후 스위치를 내리지 않는 사람은 항상 스위치를 잊었고 가스불과 라디에이터를 잊는 사람마저 있었다. 욕실에 남아있는 머리카락은 모두 연한 갈색이었고.

그리고 준이 경찰을 부른 데에는 그녀 나름의 이유가 있었다. 에어비앤비 사이트에 숙소의 가격이 일괄적으로 기재되어 있던 것과 달리 실제 플랫 안에 있는 네 개의 방은 크기만큼 방세도 제각각이었다. "근데 너는 한 달에 얼마를 내?" 첫날 미쿠는 갑자기 내게 질문을 해 왔고 이후 들어오는 플랫메이트들에게도 매번 같은 질문을 던졌다. 왜 그런 것에 일일이 관심을 갖는지 당시에는 이해하기 어려웠지만 가장 작은 방을 쓰고 있었던 미쿠는 플랫 생활을 먼저 하는 동안 자기가 가장 많은 돈을 내고 있다는 사실을 깨닫게 되었던 것 같다.

알고 보니 P는 에어비앤비 사이트 말고도 다른 루트로도 게스트를 받았고, 그중에는 가격 협상을 하고 좀 더 저렴한 가격에 플랫을 이용하는 게스트가 있었다. 그리고 그것은 주로 유럽인들을 대상으로 이루어지고 있는 듯 했다. 준 역시 에어비앤비 사이트를 이용하지 않고 꽤 저렴한 가격으로 방을 이용하고 있었는데 P가 별도의 개별 계약서와 함께 계약 연장을 요구하자 사기라며 경찰을 부르고 그 난리를 쳤던 것이라고 하니, 내게 자신의 억울함을 토로하는 P의 머리 위로 자업자득이라는 단어가 희미하게 깜빡였다.

방세는 그렇다 쳐도 정말 이해할 수 없었던 비용은 '청소비'였다. 에어비앤비 사이트에서 숙박을 예약할 때 게스트는 숙박료와 별도로 청소비를 사전에 지불하게 되고 그 외에는 추가적인 청소비용을 부담하지 않는 것이 일반적이다. 그런데 어느 날 날아온 P의 메시지가 조금 이상했다. 플랫 메이트 한 명이 퇴실을 했으니 청소를 하러 A가 올 것인데 그녀가 부엌과 화장실 청소도 해줄 것이므로 남아있는 게스트들은 모두 10파운드를 그녀에게 줘야 한다는 것이었다. 설마 모든 플랫 메이트들이 퇴실할 때마다 이러려나 했던 우려는 현실로 나타났고, 설상가상으로 A는 새로 들어올 게스트를 위해 빈방만 깔끔하게 정리했을 뿐 그 외의 공간은 거의 건드리지 않는 사람이었다. 문제는 모든 게스트로부터 이미 받은 청소비를 A에게 주지 않고 별도로 요구하는 P였다. 3, 4일 묵고 떠나는 단기 메이트의 체크아웃 후에도 동일한 10파운드 요구가 반복되자 나는 때마다 계속 추가 청소비를 걷는 건 부당한 것 같다는 얘기를 꺼냈고 P는 당시에만 한 번 선심 쓰듯 내게 청소비를 받지 않았다.

잊을 수 없는 단어 Maggot

그러던 와중에 문제의 구더기maggot와 쥐 사건일이 다가왔다. 플랫에 들어오면서 받았던 주의 사항은 쓰레기 수거일bin day은 화요일이고 집 안의 쓰레기봉투가 꽉 차면 마당에 있는 쓰레기통에 내다 버려야 한다는 것이었다. 그렇지만 그날이 되면 마당의 쓰레기통에서 다시 쓰레기봉투를 꺼내어 건물 출입문 앞에 두어야 한다는 사실에 대해서는 까맣게 모르고 있었다. Bin day 때마다 수고로움을 묵묵히 담당해준 조지 덕분에 나를 포함한 다른 메이트들은 별 생각 없이 화요일을 보냈고 30도를 웃도는 무더위가 계속되던 날, 조지는 고향으로 휴가를 떠났다.

며칠이 지나 Bin day에 청소를 하러 온 A는 내게 마당에 있는 쓰레기통을 가리키며 오늘은 네가 저 안에 있는 쓰레기까지 출입문 앞에 내놓아야 한다고 말했다. 네가 하기 싫으면 다른 애를 시켜서라도 해놓아야 한다고. '다른 애'에 청소비를 받는 A 본인은 포함되어 있지 않는 듯했다. 그 주에는 하필 음식물 쓰레기가 많이 쌓여 이미 마당에 쓰레기를 한 번 가져다 버린 뒤였다. 나는 우선 부엌에 있는 쓰레기를 건물 밖에다 내놓고 심호흡을 한 다음, 파리가 윙윙 날아다니는 마당의 쓰레기통을 열었다.

땅바닥으로 일단 꺼내 놓은 쓰레기봉투에서는 악취가 났고. 겉면에는 큼직한 구더기들이 들러붙어 있었다. 으악 어떡해 - 신음과 소리를 내뱉으며 무거운 봉투를 옮기는데 그 사이 구더기는 1층 바닥 위로 떨어져 꾸물꾸물 기어다녔고, 그중 한 마리가 내 손등을 타고 올라왔다. 손등을 우와악 털어내고 쓰레기봉투를 겨우 밖에 내다 놓고 나니 건물 1층에서 계속 꿈틀대고 있는 구더기가 눈에 들어왔다. 그대로 두면 안될 것 같아서 신고 있던 아끼는 플랫 슈즈의 앞코로, 툭툭 열 마리 가량의 구더기를 터트려 죽였다. 그렇게 끙끙대는 동안

한 이웃 아저씨가 괜찮냐고 미소를 보이며 지나갔다.

그리고 그날 저녁, P로부터 메시지를 받았다. 그는 내가 소리를 질렀고 내가 버린 쓰레기에서 악취가 난다며 이웃으로부터 항의 메일을 받았다고 불만을 표시했고, 나아가 준이 몇 주 전에 쑤셔 박아 놓은 쓰레기까지 마당의 쓰레기통에서 다 꺼내서 버려달라고 요구했다. 통통한 아까의 구더기를 떠올리며 그건 도무지 못하겠으니 좀 도와달라는 나의 요청에 그는 '집주인은 게스트의 뒤처리를 하는 사람이 아니니 각자 알아서 해결하라'는 차가운 답변을 보내왔다. 그렇다면 이상한 플랫 메이트가 벌여 놓고 간 뒤처리를 해야 하는 사람은 플랫에 자주 들르지 않는 집주인도, 보이는 곳만 치울 뿐 쓰레기통이나 욕실 수챗구멍에는 손도 대지 않는 청소 담당자도 아닌 P가 그토록 좋아하는 장기 투숙자란 말인가.

구더기 사건에 그토록 차갑던 P는 당일 밤 쥐가 나타나면서 일변 태도를 바꾸었다. 구더기를 눌러 죽인 신발 때문이었을까. 아무것도 모른 채로 오늘은 참 힘든 하루였다고 스탠드를 끄고 눈을 붙이려는 찰나에 무시할 수 없는 기척이 들려왔다. 커다란 검은 그림자가 방바닥을 가로지르는 모습이 안경을 벗은 눈에도 긴박하게 다가왔다. 스탠드를 켜면 쥐죽은듯 고요하던 그림자는 잘못 본 건가 싶어 불을 끄고 나면 다시 투두두두 방 안을 맹렬하게 뛰어다녔다. 쥐색 물체는 끝끝내 출구를 찾지 못하고 방 안을 맴돌았고 나는 방문을 열어 놓고 모든 가구를 벽에서 떨어트려 놓고서야 쥐를 내보낼 수 있었다. 화장실에 가고 싶어 눈이 떠진 그날 새벽 그리고 다음날 아침에 나는 방문 앞에서 한참을 망설였고. 그 후로도 집에 돌아와 방문을 여는 매일매일 쥐에 대한 공포는 사라지지 않았다.

P는 다음날 바로 쥐덫을 설치해주러 나타났고 내게 '구더기 사건과 더불어 잘 처신해주어서 정말 고맙다며 너는 지금까지 본 중 가장 sweet한 게스트'라는 메시지를 보내왔다. 휴가를 마치고 돌아와 일련의 사건을 담담히 듣던 조지 말대로 더 이상 쥐가 오는 일은 없겠지 생각하던 어느 날, 쓰레기통 뒤에 놓여진 쥐덫이 조금 달라 보였다. 쥐 사건일로부터 보름 정도가 지난 때였다. 무언가 축 늘어진 채 길게 걸려있는 모습은 그날 밤에 보았던 색을 띄고 있었고 P는 다른 메이트들이 집에 돌아오기 전에 서둘러 쥐덫을 치워 갔다. 그 뒤로 다시 쥐가 나타나는 일은 없었지만 의식의 한 켠에 자리잡은 쥐는 쉬이 사라지지 않았고. 냄비밥을 할 때마다 나는 물속에서 꿈틀꿈틀 움직이는 쌀알을 더 이상 지켜볼 수 없게 되었다.

그래도 그리운 내 방

시간이 흘러갈수록 예상치 못한 불편한 진실을 마주해야 했지만 그럼에도 나는 그 방이 좋았다. 하얀 침대에 누워 왼편을 바라보면 창가에 풍성히 나뭇가지가 흔들리고, 멜로디 같은 영어 소리가 들려오던 런던의 내 방이. 나는 매일 아침 눈을 뜨자마자, 그리고 밖으로 나갈 채비를 하면서 창가에 이마를 대고 그때그때 달라지는 런던의 하늘을 확인했다. 긴장하며 방문을 열어야 하는 순간도 있었지만, 런던을 떠나게 될 아쉬움을 도리 없이 바라보고 있던 그 여름날에도 결국 이곳에 하릴없이 누워있는 지금이 한없이 그리워지겠지 – 생각이 들면 마음에 후둑후둑 빗방울이 맺혔다.

틈틈이 마주치는 플랫 메이트들과도 마음을 주고받는 순간들이 있었다. 밤늦도록 일하고 느지막이 일어나 다시 일을 나가던 미쿠는 끼니를 대충 챙겨 먹었고 나는 내 또래의 아시안인 그녀가 조금 신경 쓰였다. 할아버지가 한국인이지만 한국어를 못하는 그녀는 내가 일본어를 할 줄 안다는 사실에 반가워하다 점점 내가 못 알아들으면 어이어이 눈을 흘기기도 했지만, 그녀와 있으면 런던에 사는 30대 동양인 여자 간의 유대가 느껴졌다. 이따금 내가 만든 음식을 각자의 방에서 먹던 우리는 전기구이 통닭 한 마리를 사와 부엌에 서서 뜯어 먹기도 하고, 볕이 좋은 어느 날엔 타이 커리를 만들어 마당에 놓인 테이블에서 대낮의 산미구엘을 즐겼다. 손이 커서 매번 많은 양을 만들고는 남겨도 된다고 말하는 나에게 미쿠는 왜 그런 소리를 하냐고 눈을 흘기며 언제나 말끔히 그릇을 비웠다.

클레어는 자신의 구직과 데이트 소식을 스스럼없이 공유했고, 내 연애의 위기를 알아챈 마리아는 혹시 얘기할 사람이 필요하면 언제든 괜찮다며 조심스럽게 곁을 내줬다. 주춤주춤 들어간 그녀의 방에서 그녀는 자신이 런던에서 만난 남자 이야기를 처음으로 꺼내 놓았고 인연이 아니면 흘려 보내야 한다는 유럽 언니 같은 조언을 해주었다. 매주 쓰레기를 묵묵히 버리고 내가 해야 할 설거지를 대신 하기도 하던 조지는 혼자 1+1 피자를 시키고는 마음껏 먹으라며 그리스인의 기개를 보여주기도 했다. 그 밖에 각자 가보았던 좋은 장소를 나누고 집주인의 이상함을 토로하는 것 외에도 우리는 런던 브리지 테러가 있던 날 가장 먼저 서로의 무사를 확인하며 가슴을 쓸어 내렸다.

먼저 떠나간 미쿠와 조지, 마리아의 뒤를 이어 내가 플랫을 떠나는 날. 짐을 1층에 내려다 놓고 마지막으로 항상 소중히 들고 다니던 세 개의 열쇠를 책상 위에 올려 두었다. 그리고 아무도 없는 집을 조용히 빠져 나왔다. 대문을 닫으며 스페니쉬 아파트먼트의 로망은 한 번으로 충분하다고 돌아서는 길에, 덜컥 혼자가 되었다는 허전함이 밀려왔다.

~~~ 후기

나는 후기에 쥐나 구더기에 대한 언급을 일절 하지 않았다. P 역시 나를 향한 불만을 묻어 두고 나에게 좋은 평을 늘어놓았다. 그리고는 나만 볼 수 있는 비공개 후기에 다시 이곳을 찾을 때면 방값을 조금 싸게 해주겠다는 말을 덧붙였다. 끝까지 P다운 처사였다.

Pray for us
- 세 번의 테러가 지나가고

 2015년 파리 곳곳에서 민간인을 대상으로 한 테러가 일어난 후 유럽은 위험 지역이 되었다. 사람들이 많이 모이는 장소는 타깃이 되기 쉬웠고 그렇다고 안전지대를 설정할 수 있는 것도 아니었다. 그 즈음에는 서울의 콘서트장이나 영화관에서도 불쑥 무서운 생각이 스치곤 했다. 그럼에도 파리 시민들은 테러범을 의식하지 않고 평소와 같은 생활을 영위하며 테러범에게 대항하고 있었고 그 소식을 듣고 나자 더욱 가슴이 먹먹했다.

 체류하는 내내 몸 조심하라는 말은 항상 내 몸 어딘가에 붙어있었지만 의식적으로라도 파리 시민들처럼 일상을 보내려 했다. 그러면서도 런던이 아닌 바스와 요크, 에든버러를 지나 더블린으로 넘어가는 시기에는 테러의 위협에서 멀리 떨어져 있다는 안도감을 갖기도 했다. 그러던 중 6월에 열리는 페스티벌의 라인업에서 좋아하는 밴드 London Grammar 의 이름을 발견했다. 1박 2일의 페스티벌 일정을 감당할 여력이 될지 고민하는 동안에도 나는 생각했다. 아무렴 맨체스터Manchester에서 무슨 일이 생기지는 않겠지.

별일 없는 거지? - 자고 일어나니 몇 개의 카톡이 와 있었다. 바보같이 Parklife Festival 티켓을 잘못 예매한 덕분에(Vip Upgrade권만 있으면 매진된 일반권이 없어도 입장이 되는 줄 알았다) 맨체스터 방문은 진즉 좌절되었지만 페스티벌이 시작되기 몇 주 전인 5. 22. 아리아나 그란데의 콘서트가 열리던 맨체스터 실내 경기장에서 폭탄 테러가 일어났다. 런던이 아니면 안전하겠지 생각했던 나의 안일함을 비웃듯 그들은 모두가 마음 놓고 여유를 즐기는 상황에 다시 무차별 공격을 가했다. 어안이 벙벙한 와중에도 이제 당분간 영국에서 테러가 일어나는 일은 없지 않을까 비겁한 자기 위안을 뒤적였다. 그리고 보름이 지나기도 전에 런던은 그 다음 타깃이 되었다.

런던 브리지에서 가까운 버로우 마켓Borough Market은 생각만 해도 기분이 좋아지는 곳이었다. 시장 사람들의 은근한 프라이드가 서린 싱싱한 식재료와 맛있는 먹거리가 가득한 곳. 그 사이를 어슬렁거리며 핌즈를 마시다가 빠에야나 버거를 받아들고 구석에 자리를 잡으면 시장의 활기가 온몸에 들어찬 듯 아쉬울 게 없었다. 그 버로우 마켓에서 6. 3. 토요일 저

녘에 사람들이 죽었다. 금세 '런던 브리지 차량 공격 및 버로우 마켓 흉기난동'이라는 기사가 검색 사이트를 뒤덮었다. 길을 찾을 때마다 종종 이용하던 Citymapper 앱에는 '이 지역을 피하라Avoid these areas'는 경고 문구가 붉게 칠해졌다. 시장은 이미 문을 닫은 후였지만 근처에는 펍과 레스토랑이 즐비했고 파리에서의 테러가 금요일 밤이었던 것처럼 이번에도 모두가 느슨해진 토요일 밤이 사건일이 되었다. 나는 늦은 시각에 들어오는 미쿠가 제대로 집에 오기를 바라며 잠이 들었고 잠에서 깨면 속보를 확인했다. 다음날 여느 때처럼 미쿠는 부엌에 모습을 드러냈고 우리는 입을 모아 안도했다.

정말 걱정돼서 못 살겠다는 정현김의 카톡과 괜찮냐는 안부에 일일이 무사하다는 생존 보고를 하는 동안 영 마음이 무거웠다. 어디를 어떻게 다녀야 할지 모르겠다는 원초적인 공포와 함께 아무것도 예측할 수 없다는 무력감이 방 안을 가득 메웠다. 그날은 힘없이 누워 오후를 보냈다. 한 주 전에 즐겁게 다녀온 버로우 마켓이었다. 더 자주 와야지 다짐하며 돌아온 기억이 생생했다.

나가서 과일이라도 사오자 싶어 일주일에 한두 번은 꼭 들르던 식료품점으로 향했다. 사장님과 평소처럼 안부를 주고받는 와중에 나도 모르게 요즘 테러 뉴스가 너무 무서워요ㅡ 말이 흘러나왔다. 그는 손을 허공에 한 번 내저으며 인생이다 그런 거라고, 무서운 기사에 하나하나 신경을 쓰다 보면 생활을 이어갈 수 없다는 말을 했다. 너무 걱정 말라는 상투적인 말보다 난 또 뭐라고- 하는 그의 표정이, 한 동네에 살고 있는 그의 존재가 큰 위로가 되었다.

당분간은 런던 시내를 돌아다닐 엄두가 나지 않았다. 버스를 타고 지나치는 빅벤과 런던 브리지가 더 이상 반갑지 않았다. 마침 6월에는 예매해 둔 콘서트가 두 개 있었고, 그 직전인 6. 19. 런던 북부의 이슬람 사원에서 보복 테러가 일어났다. 콘서트는 모두 예정대로 진행되었지만 사람들이 많이 모이는 곳인 만큼 테러의 영향에서 자유로울 수는 없었다. O2 Arena와 Wembley Stadium 모두 보안 검사를 강화했고 Celine Dion과 Adel은 앵콜 곡을 부르자마자 공연의 여운을 즐길 새도 없이 빠른 움직임으로 콘서트장을 빠져나갔다.

그럼에도 공연장은 평소처럼 열화와 같은 호응으로 성황을 이루었다. 그녀들은 다음 곡을 거듭하며 근사한 분위기를 만들어 갔고 우리는 모두 그녀들의 목소리에 귀를 기울이며 환호를 아끼지 않았다. 그리고 공연 후반부에 이르러 셀린 디온이 런던 테러를 추모하며 Recovering을 불렀을 때에는, 한동안 묵묵히 긴 박수가 이어졌다. 가라앉은 장내의 숨 속에서 우리는 모두에게 위로의 순간이 필요했다는 것을 그리고 그것은 함께 있는 공간에서 이뤄질 수 있음을 깨달았다.

아델의 공연은 역에서 14분 거리에 있는 스타디움으로 들어가는데 1시간, 공연이 끝나고 역으로 돌아가는데 다시 1시간이 걸릴 정도로 인파가 상당했다. 역까지 사람이 가득 늘어선 길목에서 우리는 병목 현상마냥 자꾸 멈추어서 한참을 대기했다. 그동안 역 근처에 있는 호텔 투숙객들은 그림자처럼 서서 우리를 구경하고 있었다. 와 대체 우리를 왜 보고 있는 거냐 – 사람들은 불평을 하다가도 그림자들이 카메라를 들어 올리면 '치즈 –' 하고 웃어 보였다. 그런 와중에도 뒤에서 소란이 일거나 큰 소리가 들려오면 모두들 긴장한 표정으로 걱정스레 주위를 살폈다.

역 근처에 다다르자 그제서야 스탭들이 들고 있는 Go/Please wait 표지가 보였다. 표지라도 보이니 좀 낫다며 'Please wait'이 'Go'로 바뀌기를 기다리는 동안, 고가 위에서 상황을 예의 주시하고 있던 경찰 아저씨 한 명이 폰으로 노래를 틀었다. 그리고 그는 자기가 들고 있던 확성기를 폰에 가져다 대었다. 들려오는 노랫소리에 사람들은 콘서트의 여흥으로 하나둘 노래를 따라 부르고 몸을 움직이기 시작했다. 경찰 아저씨들은 그 모습에 씨익 웃으며 중간중간 노래를 줄이고 Oh yeah – 추임새를 넣었다. 슬쩍슬쩍 춤을 추는 아저씨도 있었다. 예기치 못한 상황에 웃으며 주위를 두리번거리던 나 역시도 Pharrell Williams의 'Happy'에 이르러서는 자유롭게 몸을 흔들었다. 긴장과 경계가 풀어지던 순간. 마침내 표지판이 Go

로 바뀌자 사람들은 환호했고 우리는 들려오는 Adel의 'Hello'를 열창하며 계단을 뛰어올랐다.

걱정했던 두 번의 콘서트 일정에서 받은 묵직한 위로로, 나는 다시 버로우 마켓을 찾고는 핌즈와 함께 비네거 소스를 뿌린 생굴을 먹었다. 굴은 신선하고 핌즈는 시원했지만 무엇보다 그곳에는 변함 없이 활기 가득한 시장 사람들이 있었다. 그들은 시원시원하게 상품을 건네며 여전히 기분 좋은 미소를 지어 보였다. 서로의 얼굴을 바라보며 미소 짓는 것, 그것이 운 좋게 살아남은 우리가 할 수 있는 일이었다.

그 후로도 Southern Railway가 특유의 늑장을 부려 11시 넘어 집으로 가는 열차 시간표가 한참 동안 뜨지 않거나 출발을 기다리며 앉아있던 열차에서 갑자기 안내방송이 흘러나와 다른 플랫폼으로 우루루 몰려가야 할 때면 다시금 사람들의 불안한 눈빛을 마주하게 되었다. 그렇지만 그런 때에도 웸블리 역에서의 경찰 아저씨처럼, 별일 아니라는 식으로 웃거나 Southern이 또 말썽이라니 어쩔 수 없구만 - 하고 가볍게 고개를 젓는 사람들이 있었다. 그들은 팽팽해졌던 분위기를 한순간에 튕겨 냈고 영문을 모르고 빨리 뛰던 이방인의 심장은 그들 덕분에 차차 원래의 리듬을 찾을 수 있었다.

그러고 보면 유일한 분단국가에 살아오면서 이렇게 공부

를/일을 열심히 하고 꾸준히 요가를 해서 몸을 단련시켜 봤자 무슨 일이라도 나면 모든 것이 무슨 의미가 있을까 무심코 생각하는 때가 있었다. 타국의 테러를 걱정하던 직장 동료들과의 대화는 어찌 보면 대한민국이 더 위험하고, 무슨 일이 떨어질지 모르는 우리의 직장이 제일 위험하다는 쓴웃음으로 마무리되고는 했다. 그러나 우리는 모두 어떻게든 각자의 일상을 살아내야 했다. 예측할 수 없는 불행에 언젠가 속수무책으로 당하게 될지라도 그 전까지의 일상이 유유히 흘러가도록 애써야 했다. 인생은 결과론적으로 압축해 버릴 수 없고 우리의 몸을 차곡차곡 통과해 가는 시간 속에 우리는 살아있는 것이므로.

우리는 무력하지만 언제나 무력하지만은 않다. 타격을 길고 깊게 이어가지 않는 것. 그것의 영향력을 최소화하는 것. 상상 속에서 불안에 힘을 실어 주지 않는 것. 머리를 허공에 몇 번 젓고 다시 내게 주어진 시간을 나의 방식대로 살아가는 것. 그리고 서로 눈을 맞추고 미소 짓는 것. 우리는 그렇게 삶을 이어갈 수 있다. 그런 우리의 평온한 일상이 아무쪼록 계속되기를, 무장 경찰들이 곳곳에 자리한 런던과 파리의 거리가 머지 않아 테러 전으로 돌아갈 수 있기를 간절히 바라고 빌어본다. 더 이상 우리 모두가 살아남은 자가 아닌 살아가는 사람으로 남을 수 있도록.

불의의 사고를 당하게 된 모든 이들과 그들을 잊지 못하는 모든 남겨진 이들에게 깊은 애도의 뜻을 표합니다.

River Amstel 〜 Amsterdam *4 nights*

 이별 후 갑자기 불어난 시간을 홀로 주체하지 못하고 있을 무렵 이미 정해 두었던 네덜란드 행이 절묘하게 다가왔다. 파리에 짐을 놓고 단출한 여행가방을 꾸려 예전부터 타보고 싶었던 탈리스Talys에 올랐다. 머리 양 옆에 볼록 튀어나온 쿠션이 포근하고 다정해서 볼을 대고 하염없이 잠을 잤다. 중앙역에 내려 다닥다닥 붙어있는 다크초콜릿 색감의 건물을 마주하자 오랜만의 여행에 마음이 통통 움직이기 시작했다. 그렇게 체류를 꿈꿨으면서 체류 중에 맞이한 여행이 이토록 반갑다니 요상한 일이었다.

 암스테르담에서는 지나는 걸음마다 Amstel 강이 오래된 건물 사이를 유유히 흐르고 있었다. 날이 저물면 암스텔 강은 짙은 푸른빛으로 물들어가는 하늘과 주홍빛 가로등의 반영을 일렁일렁 담아냈다. 하늘엔 큼지막한 구름이 런던보다 빠르게 움직였고 그 구름 뭉치는 파리보다 더 자주 비를 흩뿌렸다. 4월의 에든버러처럼 휭휭 바람이 불어대고, 비가 오고 나면 으슬으슬 한기가 도는 9월의 암스테르담에서 나는 어깨를 잔뜩 움츠린 채 서둘러 미술관으로 향했다.

국립 미술관으로 향하는 트램 안에 오랜 동행이었던 우산을 두고 내린 후에는 또 무언가를 잃어버렸다는 서늘함이 목덜미를 휘감았지만, 혼자 있을 때보다 시간은 쉬이 흘렀다. 거리에서 생각을 비워 내지 못하는 순간에도 어느새 뚝뚝 떨어지는 빗방울과 들이치는 바람이 머리를 헝클이면 이제 그만 좀 생각하라고 이러는가 보다 싶어 피식 웃음이 났다.

홀랜드 패스의 금색, 은색 티켓을 손에 쥐고 그림을 보다가 보트에 오르고, 하이네켄 맥주와 와인 및 Henri Willig 치즈를 맛보며 나는 다시 잘 먹고 푹 잠들 수 있게 되었다. 암스테르담 곳곳에는 그냥 지나칠 수 없는 감자튀김 가게가 앙증맞게 놓여 있었고 나는 자연스레 맨 뒤로 가서 자리를 잡았다. 고소한 소리를 들으며 오늘은 하루 종일 비가 오네요 – 말을 건네자 감튀 아저씨는 Welcome to Holland! 하는 호기로운 인사와 함께 감튀에 소금을 착착 뿌렸다. 이내 짭조롬하고 바삭한 호기의 맛이 쥐어졌다.

~~~ 수변, 아홉 번째

런던에 앞선, 나의 첫 로망지 Paris

 파리에서의 2개월은 계획하는 내내 마음이 들뜨는 일정이었다. H를 만난 후, 파리행을 취소하고 런던에 계속 머무를지 고민은 오래도록 이어졌지만 그럴 때마다 나는 파리에 대한 오랜 로망을 떠올렸다. 낡은 건물 어딘가에 맛있는 빵과 버터, 치즈와 와인을 쟁여 두고 작은 파리 시내를 걸어 다니다 카페 테라스에 앉아 쇼콜라 쇼를 마시는 시간을. 센 강변에 앉아 정각마다 반짝이는 에펠탑을 바라보고 드문드문 배우기 시작한 불어에 휩싸여 하나둘 알아듣는 말이 생겨나면 마음속에 환한 달빛이 번질 것 같았다.

 그리고 지난 파리에서의 추억을 손으로 쓸어 보았다. 열두 살, 패키지 여행에서 짧게 돌아본 파리는 무척 맛있던 고기 요리와 후식으로 나온 아이스크림으로 남아 있었다. 아빠의 아이스크림까지 흡족하게 먹은 기억을 안고 스물 다섯 여름, 파리에서 일주일을 머물렀을 때 종이와 나는 3주 동안 다닌 여러 도시 중에서도 영국이 제외되었던 그 여행 파리가 가장 좋다는 데에 감흥을 모았다. 늘 궁금했던 생 제르맹 데 프레를 시작으로 가이드 북을 펼쳐 영화 '비포 선셋' 속 셀린과 제시의 발걸음을 따라가고, 영화 '아멜리에'의 로케지를 찾아가는 길은 즐거운 보물찾기의 여정이었다. 운 좋게 대문이 열려 셀린과 제시가 마지막으로 향했던 셀린의 아파트 단지 안으로 들어갔을 때에는 그녀의 고양이 '체'가 총총 그녀를 맞으러 나왔던 것처럼 귀여운 고양이 한 마리가 우리 앞을 지나갔다. 취업 후 첫 휴가지를 고를 때에도 나는 고민 없이 종이와 파리로 향했다. 공항버스 창문으로 개선문이 비칠 무렵 다시 파리에 왔다는 실감으로 달뜨던 마음을 나는 여전히 기억하고 있었다.

기억을 들추어 볼수록 어그러져 가는 연애를 붙잡는 일보다 파리에서의 생활을 시작하는 쪽으로 마음이 옮아갔다. 그럼에도 정든 런던을 뒤로 하는 일은 생각보다 쉽지 않아서, 불어난 짐은 어떻게든 가방에 밀어 넣었지만 커져 버린 마음은 아무래도 잘 담아지지가 않았다. 런던의 묽은 밀크티와 수많은 에일 맥주, V&A와 배터시 파크, 템스강, 이 모든 것들이 서걱서걱 아프게 밟혔다. 시간은 성큼 다가와서 8월의 첫 번째 금요일에, 나는 소스와 향신료를 가득 챙겨 유로스타에 올랐다. St. Pancras 역에 일찍 도착해 놓고도 H를 만나다가 예정된 기차가 아닌 다음 기차를 타야 했지만. 기차가 출발한 지 한 시간이 지났을 즈음 혹 시간이 빨라지며 한 시간의 시차가 생겨났고 곧이어 불어 방송이 나오기 시작했다.

복층으로 된 자그마한 스튜디오에는 작은 부엌과 옷장 같은 화장실, 부채꼴 모양의 작은 샤워실, 그리고 침실로 올라가는 사다리와 층고만큼 기다란 창문이 있었다. 그리고 작은 부엌에는 제대로 된 와인 따개가 있었다. 집 현관문은 아래서부터 위로 꼬챙이가 끼워지는 식이어서 열쇠를 잃어버리면 안에서도 밖으로 나갈 수 없었다. 열쇠를 챙겨 빙글빙글 돌아가는 계단을 따라 내려가면 넓지 않은 마당이 보였다. 그 마당에서, 공사를 하러 온 아저씨들은 이따금 테이블 위에 체크 무늬 테이블보를 펼쳐 여유로운 점심 식사를 즐겼다. 마당을 지나 오른쪽에 있는 거대한 철문을 당기면 좌우로 길게 오돌토돌한 거리가 이어졌다.

파리 2구2E Arrondissement에 있는 스튜디오는 퐁피두 센터까지 걸어서 13분, 센 강까지 25분이면 닿을 수 있는 거리에 위치해 있었고 마레 지구에서도 멀지 않았다. 주변에는 맛있는 레스토랑과 식료품점, 빵집이 많았고 버스나 지하철을 타기에도 용이했다. 와인 가게 아저씨가 조심하라던 소매치기를 걱정할 만한 일은 일어나지 않았고 비교적 치안이 괜찮은 편이었다. 다만 숙소가 있는 골목에는 서너 집 건너 언니들이 팔짱을 끼고 나와 서있었고 Love와 Sexy가 쓰여있는 가게들이 심심치 않게 보였다. 파리에는 이런 골목도 있는가 보다 생각하며 언니들이 있는 거리를 오가다 몇 주가 지나서야 나는 깨달았다. 그리고 정현김과 통화를 하던 중에 말을 꺼냈다. 엄마 근데 아무래도 내가 사는 동네가 홍등가 비슷한 거 같아-. 그 후로는 길에서 언니들의 노출에 덜 놀라게 되었고, 해가 점점 짧아지는 때에도 언니들의 시선이 있어 긴장을 늦추고 집에 돌아올 수 있었다.

나는 상상했던 일상을 하나씩 찾아다니며 파리에 마음을 붙여 갔다. 파리에 도착한 다음 날 가장 먼저 찾아간 Café de Flore에는 테이블마다 장 자크 상빼 아저씨의 그림이 놓여 있었다. 그 위에서 진한 쇼콜라 쇼와 프로슈토 얹은 멜론을 먹는 동안 누군가 아코디언으로 에디트 피아프의 La Vie En Rose를 연주하는 소리가 들려왔다. 어젯밤 기운을 내보려 조그맣게 틀어 두었던 멜로디를 이곳에서 들으니 그만 마음이 녹진해졌다. 다음날에도 생 제르맹 데 프레를 찾아 이번에는 옆 카페, Les Deux Magots에서 에스프레소를 시켜 두고 노트북을 열었다. 내 테이블에는 관심도 없는 척 느긋이 돌아다니다가도 언제나 진행 상황을 잊지 않고 다가와 주던 유니폼 아저씨는, 내가 손을 들어 생선 요리를 시키자 하얀 테이블보를 가져와서 척- 하고 깔아 주었다. 그 후로 '아멜리'가 물수제비를 뜨던 생 마르탱 운하Canal Saint-Martin와 '제시'가 '셀린'과 처음으로 재회한 서점Shakespeare&Company에도 차근차근 반가운 걸음을 이었다.

런던에서의 생활이 조금씩 가까이 다가가면서도 결국 그 이상 나아갈 수 없는 벽 주위를 맴도는 기분이었다면, 파리에서는 조심하는 가운데에도 이상하게 편안한 느낌이 들곤 했다. 파리에서는 천 가방만 집어 들고 훌쩍 길을 나섰고 울퉁불퉁한 돌바닥을 디디면서도 곧잘 플랫슈즈에 발을 꿰었다. 마트에서 사온 요거트와 치즈, 과일이 조금씩 더 맛있게 느껴졌고, 어디서나 미니 와인을 팔던 런던과 달리 주로 하프 보틀부터 취급하는 이곳에서 화이트, 로제, 레드 와인을 한 병씩 사다가 며칠을 두고 마셨다. 혼자인 시간이 많아지니 핑크색 갓등을 켜고 글을 써 나가는 시간도 늘어났다. 붙들고 있던 단편 소설의 초고가 완성되면 마시기로 해 둔 보르도 와인을 드디어 따르자, 늦여름 밤의 붉은 열기가 스튜디오 안을 점점이 물들였다.

삐삐삐삐- 하는 소리도 없이 조용히 켜지는 신호등과 왼쪽 차선, 한 시간의 시차에는 금세 익숙해질 수 있었지만, 370km의 격차에는 끝내 어지러움이 가시지 않았다. 이제는 더 이상 폰을 바라보지 않아도 되었다. 런던으로 향해 있던 신경을 모두 내려놓던 날, 어느새 어둑해진 창문 틈으로 사늘한 바람이 불어와 뒤를 돌아보니. 계절처럼 관계가 스러진 자리에 어느덧 가을이 내리고 있었다.

Caelo Yoga - 그 여름, 요가에 집중했던 시간

파리에서 맞이하는 첫날밤. 하얀 사다리를 타고 올라가 하늘색 매트리스 위에 누워 첫날의 들뜬 긴장감을 살피려는 순간, 헛 이게 아닌데 - 싶은 어색함이 온몸을 휘감았다. 무척 아늑해 보였던 매트리스는 자세히 보니 허리 주변이 동그랗게 패여 허리와 엉덩이 부분에 푹 꺼지는 느낌이 들었다. 그래도 자고 나면 괜찮을지 모른다고 눈을 감았지만 아침이 되자 허리가 뻐근했다. 저 매트리스에서 두 달을 자면 허리가 나가겠구나 싶어 집주인 F에게 메시지를 보냈고, 매트리스를 한 번 뒤집어 보면 어떻겠냐는 답을 받았다. 천장이 낮은 복층에서 낑낑대며 매트리스를 뒤집어 보아도 몸의 곡선대로 매트리스가 눌리는 느낌은 여전했다.

다시 F에게 연락을 하는 대신 화이트 와인을 두어 잔 마시고 줏대 없는 매트리스에 누워 '효리네 민박'을 보았다. 마침 그녀가 매일 새벽같이 요가원에 가는 장면이 눈에 들어왔다.

런던의 요가원과 마음에 안 드는 이 매트리스, 트렁크 안에 있는 요가복을 차례로 떠올리다가 나는 술이 오른 얼굴로 집 주변의 요가 스튜디오를 검색하기 시작했다.

걸어서 10분이 채 안 되는 거리에 Caelo Yoga Studio가 있었다. 두 개의 대문을 열고 마당을 지나 아이보리색 건물 1층 안으로 들어가면 요가의 아우라가 가득한 스튜디오가 나타났다. 고맙게도 이곳에서는 새로 온 사람에게 처음 한 달 수업료를 할인해주었고 한 달 동안은 무제한으로 수업을 들을 수 있었다. 8월 초에서 9월 초까지 나는 거의 매일 스튜디오를 오갔다. 요가 수업은 항상 수강생들로 가득했고 남자 수강생을 찾아볼 수 없었던 런던(선생님은 몇 분 계셨다)과 달리 이곳에서는 수업마다 어렵지 않게 요기들을 찾아볼 수 있었다. 세계 각국에서 온 다양한 선생님들은 이곳에서 1년에 한 두 달씩 수업을 하고 다시 자기의 나라로 돌아가기도 했고, 각국을 돌아다니며 수업을 하는 분도 있었다. 1년간 남미로 요가 수련을 떠날 예정이라던 한 선생님은 마지막 수업에서 영화 '아멜리에'의 OST 중 한 곡을 틀어 주었고, 순간 자세를 잡던 나의 마음은 초록빛으로 너울졌다.

파리의 요가 수업 중 몇몇 수업은 당연하게도 프랑스어로 진행되었다. 영국이나 호주에서 온 선생님들은 영어를 사용했지만 그 외에 대부분의 수업은 그렇지 않았다. 작년부터 프랑스어를 더듬더듬 배우기 시작한 나에게 장장 90여 분의 시간 동안 프랑스어를 듣는다는 건 대부분의 이야기를 알아들을 수 없음을 의미했다. 첫 요가 수업을 앞두고, 호흡만이라도 제대로 하자 싶어 사전에서 '들이쉬다', '내쉬다'를 급히 찾아보았다.

파리의 요가 스튜디오를 생각하면 앙~스삘이예inspirez들이쉬고, 익~스삘이예expirez내쉬고의 억양과 음흠~ 하는 추임새부터 애틋하게 떠오르지만, 스튜디오 안에서 나는 더욱 심하게 주위를 두리번거리며 사방의 동작을 확인해야 했다. 자세 중간중간 이곳에서도 마음가짐 등에 대한 긴 설명이 이어졌다. 멍하니 열어 둔 귀에 신체의 부위라든가 좌우, 천천히, 부드럽게 등의 아는 단어가 스치면, 잠자코 있다가 벌레를 맞는 순간 지직 반응하는 해충 퇴치기처럼 귀가 번쩍 뜨였다가, 금방 다시 잠잠해졌다. 그리고 포획된 단어만이 남았다. 그러다 영어로 진행되는 수업을 들으면 어찌나 마음이 편안해지던지 나는 어깨 위의 짐을 내려둔 채 힘껏 몸을 늘였다.

여러 선생님들의 수업을 접하는 동안 자연스레 마음이 가는 수업이 생기기 시작했다. 여성스러운 숏컷에 기다랗고 늘씬한 팔다리가 예술인 Staphani 선생님은 시작하기 전에 가만히 내게 다가와 프랑스어를 어느 정도 할 수 있는지 물은 후

'조금'un peu 이라는 내 대답에 프랑스어와 영어를 번갈아 가며 수업을 진행해 준 고마운 분이었다. 그간 프랑스어로만 진행되던 수업에 지쳐있던 나는 그녀의 배려에 사랑을 고백하고 픈 마음이 되었다. 그녀는 매주 수업마다 내 이름을 물어 보았고 4주 차 수업 때 이제 완전히 네 이름을 외웠다며 활짝 웃어 보였지만 나는 그런 그녀에게 차마 오늘이 마지막 수업이라는 말을 꺼내지 못했다.

영국에서 온, 나보다 어린 느낌의 Keili 선생님은 수업 중 순서를 빼먹는다던가 좌우 방향을 잘못 이야기 하는 일이 가끔 있었지만(그럴 때마다 누군가 얼른 바로잡아 주었다) 언제나 쾌활한 미소로 수업을 이끌었다. 음악을 공부하는 학생답게 그녀의 선곡은 에너지를 불어넣는 센스있는 곡들로 채워졌고 마지막 사바아사나Savasana 단계에서 그녀는 유칼립투스 오일을 바른 손으로 일일이 수강생들의 목이며 어깨의 긴장을 풀어 주었다. 그녀는 버스킹하는 사람들을 대상으로 다큐를 만들어보고 싶다며 런던으로 돌아갔고 그녀가 떠난 후 나는 그녀의 이름이 없어진 강의 스케줄을 물끄러미 들여다 보았다.

특유의 귀여운 미소와 함께 물 흐르듯 매끄럽게 진행되는 Cayla 선생님 수업은 일찍 가지 않으면 자리를 잡기 어려울 정도로 인기가 높았다. 연결되는 동작의 흐름flow도 훌륭했지만 표현력이 무척 좋아서 그녀가 squeeze~ 라고 하면 온몸의 힘을 더 짜내야 할 것 같았고 kick it back! 하고 외치면 모두 신명나게 발을 차올렸다. 어느 날 휴가를 마치고 온 그녀는, 휴가지에서 많은 상념들 끝에 깨닫게 된 것이 하나 있다며 '내가 있을 곳은 바로 이곳, 이 매트 위라는 사실'이라는 말로 수업을 열었다. 지금 여러분이 있을 곳도 바로 여기이며, 요가를 하는 동안만큼은 모든 고민을 내려둔 채 매트 위에 있는 자기 자신에게만 집중해보자는 말과 함께 그날의 아사나요가 자세는 시작되었다. 요가를 할 때마다 나는 그 말을 떠올렸고 요가가 끝나면 '내가 있을 곳은 노트북 앞'이라고 되뇌었다. 그녀가 호주로 돌아가기 전 마지막 수업날에는 스튜디오 안이 빈틈없이 매트로 채워졌다. 수업이 끝나자 수강생들은 그녀의 팔을 잡거나 포옹을 요청하며 저마다의 작별인사를 건넸다. 선생님 수업은 정말 최고였어요 - 수줍은 말을 놓아두고 스튜디오를 나오는 걸음 뒤로 아쉬움과 개운함이 뭉근히 퍼져 나갔다.

수업을 듣는 파리지앵들의 열정 또한 요가의 기운을 더했다. 화장기 없는 얼굴로 청바지에 대충 머리를 올려 묶은 파리 여인들이 아름다워 보이는 이유가 옷 안에 숨겨진 근사한 몸 때문이라는 사실을 나는 매 순간 확인할 수 있었다. 스튜디오에서 만난 요기니들은 대부분 나보다 나이가 많은 아주머니들이었지만 아줌마라는 호칭이 무색할 정도로 잔근육으로 다져진 탄탄한 몸을 소유하고 있었다. 벽에 기대지 않고 매트 위에서 서슴없이 머리 서기 동작을 하고 두 다리를 번쩍번쩍 들어올리는 그들의 팔과 등 근육은 하- 감탄이 나올 정도로 멋이 있었다. 고난도의 동작을 무리 없이 소화해내거나 어떻게든 시도해보려 애쓰는 그들을 보면서 균형 잡힌 아름다움은 언제든 꾸준한 시간이 쌓이면 만들어질 수 있는 것이라는, 깊은 위안을 얻었다. 성실히 내적·외적 에너지를 다잡으며 요가에 임하는 그들의 기운 때문이었을까. 나 역시 덩달아 진지하게 요가를 대하며 잠시나마 여행 중 가장 탄탄한 몸을 가질 수 있게 되었다.

'효리네 민박'에서 효리 언니는 요가를 하고 나서 즐기는 1시간 가량의 낮잠이 얼마나 개운하고 좋은지 모른다고 했다. 요가를 다녀와 점심을 먹고 나면 오후 4시를 기점으로 솔솔 잠이 왔다. 그럴 때는 계단을 타고 올라가 아무 걱정없이 낮잠을 잤다. 잠시 단잠을 자며 몸을 쉬어주는 시간은 정말로 그날의 큰 휴식이 되었다. 요가 수업에서 가장 좋아하는 시간 역시 매트 위에 바로 누워 움직임 없이 생각을 비워 내는 사바아사나 시간이었다. 수많은 움직임과 버티는 시간은 모두 마지막의 사바아사나를 위한 것이라는 생각이 들 정도로, 매트 위에 몸을 누이면 낮잠 시간을 맞이하는 유치원생 시절로 돌아가는 듯한 기분이 든다.

좋아하는 선생님들이 여름과 함께 떠나버린 데다가 New comer의 특전이 없는 일반 수강료를 감당하기는 조금 무리였기에 파리에서의 요가는 한 달로 그치게 되었다. 마지막 수업을 마치고 떠나가는 선생님들은 모두 하나같이, 그럼 내년 여름에 또 만나자는 인사를 건넸다. 그럴 때마다 나는 고개를 끄덕이며 정말 그랬으면 좋겠다고 생각했다. 언젠가의 여름에 다시 만나 진지하게 개운해지는 시간을 함께했으면 좋겠다고. 정말로 Vraiment.

〰️ 최근에 다시 찾아보니 Keili 선생님은 더 멋진 아우라를 품고 Keilimei라는 이름으로 Caelo Yoga에 복귀하신 듯하다. 그리고 Caelo Yoga 홈페이지에서도 파리지앵 요기니들의 멋진 근육을 볼 수 있다.

Delftse Schie ~~~ Delft *2 nights*

  암스테르담 호스텔에서 5유로를 주고 새로 산 우산은 델프트 숙소를 찾아가는 길에 살이 세 대나 부러졌다. 무거운 짐 가방과 구글맵이 켜진 폰을 든 채로 겨우 지탱하고 있던 우산은 너덜거리며 이따금 빗물을 얼굴에 튀겼다. 그런 와중에도 좁은 운하 옆에 알록달록 이어진 따뜻한 색 건물들이 눈에 들어왔다. 개구리가 손에 든 연잎보다 부실한 우산을 들고 빗물에 양말이 촉촉하게 젖어들던 순간에도 나는 계속 운하 너머를 바라보았다. 다닥다닥 붙어있는 벽돌 건물 앞에는 저마다의 보트가 매어져 있었고 맞은 편 길가에 간간이 자전거가 지나다녔다. 그리고 그 틈 사이로 잔잔히 운하가 흘렀다.

  델프트에서 Tripadvisor를 돌리면 모든 식당을 제치고 가장 먼저 등장하는 카페 Kek은 갈 때마다 기분이 좋아지는 곳이었다. 호기심을 자극하는 메뉴와 만족스러운 음식에 언제나 사람들이 가득했고 직원들은 밝은 얼굴로 모두를 세세히 챙겼다. 어디에 앉아 있더라도 그들은 옆으로 다가와 차근차근 주문을 받았고, 카페 안에 들어서서 눈이 마주친 언니에게 웃어 보이자 방금 브라우니를 입에 넣었던 언니는 선뜻 다른 조각을 내 손에 쥐여 주기도 했다. '너도 먹어 봐봐 맛있어' 하는 얼굴로.

밤새 이어지는 물소리가 빗소리라는 걸 뒤늦게 알아차릴 만큼 종일 비가 내리고 한껏 차가운 공기에 제대로 잠을 이루지 못하면서도 델프트에 있는 시간은 그저 이유 없이 좋았다. 말 없이 바라봐주는 듯한 조용하고 예쁜 풍경 때문인지 환하게 웃어주는 사람들의 친절함 때문일지. 그 이유를 찾는 대신 다음번의 델프트에는 넉넉한 시간을 가져와야겠다고 생각하며 나는 델프트 블루 무늬의 새 우산을 펼쳤다.

～ 수변, 열 번째

가을
~~~~

다시, 나의 시간

파리 테라스 석 낭만의 이면

파리를 생각하면 눈부신 햇살을 비스듬히 가르는 카페 테라스 자리에 앉아 거리를 바라보는 장면이 그려졌다. 이따금 두툼한 밀푀유나 크림으로 가득 찬 에클레어를 베어먹으며 두 다리를 대롱거리는 그런 순간 말이다. 파리에서 지내는 동안 종종 테라스 석에서 밀푀유를 자르고 자판을 두드리며 지나가는 사람들을 구경했지만, 테라스 석에 자리하는 것은 그런 낭만이 전부가 아니었다.

Café de Flore에서 쇼콜라 쇼와 프로슈토를 올린 멜론을 앞에 두고 '라 비앙 로즈'를 들으며 마음을 놓던 순간,

사람들로 가득 메워진 테이블 사이로 무언가 눈에 들어왔다. 작은 몸집 뒤로 이어진 기다란 꼬리 같은 것이. 런던에서 봤던 쥐와 달리 이 옅은 회색의 작은 생쥐는 보다 영민해서 사람들의 발과 테이블 기둥 사이사이를 매우 신중하게 지나

다니고 있었다. 그런 그의 모습을 발견하고 신경 쓰는 사람은 나밖에 없는 듯했다. 내가 앉아있는 자리는 하필 옆 일행과 나란히 앉는 기다란 벤치였기에 옆 부부가 자세를 고쳐 앉거나 아이가 다리로 의자를 칠 때마다 나는 계속 혼자서만 흠칫 놀라게 되었다. 다리 아래 느껴지는 기척에 우악- 탄성이 새어 나오기도 했다.

결국 점잖게 생긴 웨이터 아저씨에게 저 여기 쥐가 있는데요- 조심스럽게 말을 꺼냈다. 그러자 아저씨는 테라스 석이라 종종 그런 일이 일어난다는 투의 이야기를 불어 같은 영어로 아무렇지 않게 늘어놓았다. 그러니까 괜찮은 건가요? 그럼요-. 그 말을 들은 다음에도 테이블 받침대 위에서 두 다리를 내려둘 수는 없었지만, 별일 아니라는 말에 왠지 정말 별일이 아닌 것 같은 기분이 들어서 나는 더 이상 쥐의 동선을 좇지 않게 되었다. 별일이 별스럽지 않은 일이 되어가는 동안 다른 사람들은 여전히 소리 높여 이야기를 나누고 아무 일도 없다는 듯 커피잔을 기울였다. 계산을 하고 돌아오는 길에 문득 영화 '라따뚜이'의 배경이 파리였지- 하는 생각이 스쳤다. 다행히 테라스 석에서 쥐를 발견한 것은 이날이 처음이자 마지막이 되었다.

다음 날 Les Deux Magots에서 나는 긴장감을 안고 테라스 석에 자리를 잡았다. 기다란 꼬리를 발견하는 일은 생기지 않았지만 Café de Flore에서 체감한 것처럼 테라스 석은 명백히 '바깥'의 영역에 있었고, 파리의 길 위에도 어정어정 돌아다니는 비둘기들이 있었다. 평소에 비둘기가 다가오는 것만으로 기겁하는 편은 아니었는데 발 사이를 슥슥 지나다니다 파드득 차양 위로 올라가는 그들의 몸짓에 자꾸만 눈길이 머물렀다.

예전에 밀라노의 두오모 앞에서 일제히 비둘기 떼가 날아올랐을 때 하필 한 비둘기의 날갯짓을 머리로 온전히 느끼고 꺄악 - 소리를 지른 일이 있었다고, 이야기할 때만 해도 그것은 다시 일어나지 않을 과거의 일이었다. 그런데 그날 레 뒤 마고에서 한동안 발 밑을 주시하다가 쥐는 없다는 안도감에 긴장을 놓았을 즈음, 다시 한 번 테라스 석으로 돌진하는 비둘기의 날갯짓을 느끼게 되었다. 빠른 속도로 머리를 탁탁 치고 지나가는 잊을 수 없는 촉감을. 이번에는 소리를 지르는 대신 머리를 마구 털어내고는 그들이 날아간 자리를 바라보았다. 테라스 지붕 위에 유유히 앉아있는 그들은 카페에서 가장 여유로운 모습을 하고 있었다.

그 후로는 발 밑에 낙엽이 구르는 것을 보고도 멈칫하게 되었지만 쥐와 비둘기보다 빈번히 다가오고 아무래도 적응하기 쉽지 않았던 대상은 다름 아닌 담배 연기였다. 퐁피두 센터 안에 있는 복층 카페 Café Mezzanine에 가려다 휴관일 표지를 발견하고 들어갔던 Café Beaubourg는 전혀 달지 않은 뱅쇼에 다크 초콜릿 한 조각을 내어 주는 곳이었다. 테라스 석에 노트북을 펴고 뱅쇼를 마시던 중 갑자기 장대비가 쏟아지기 시작했다. 빗줄기는 가장 바깥쪽 테이블과 의자에 부딪혀 사방으로 튀어 올랐다. 그 옆에서 자리를 옮겨야 하나 애매하게 앉아있는데 바람이 불더니 우수수 머리 위로 낙엽이 떨어졌다. 두어 번 낙엽을 털어내는 동안 자리를 옮길 타이밍을 잡지 못했고 마침내 빗줄기가 잦아들었을 무렵 후욱 - 바람처럼 담배 연기가 불어왔다.

두어 시간 동안 건너편 사람이 담배를 끄고 나면 대각선 사람이 불을 붙였고 곧이어 앞 자리에서 담배 연기가 훅 끼쳐 왔다. 그러고 나면 다시 건너편 사람이 두 번째 담뱃불을 붙이기 시작했다. 연이은 간접흡연을 하고 있으려니 아직 흡연석이 남아 있었던 90년대 비행기 생각이 났다. 패키지 여행의 소집 시간보다 조금 늦게 도착한 우리 가족에게 가이드 언니는 미안한 얼굴로 흡연석 항공권을 건넸다. 열 시간이 넘는 비행시간 동안 담배 연기는 끊임없이 솔솔 불어왔고 아이고 힘들어서 어째 - 나와 동생을 안쓰럽게 바라보던 건너편 아주머니 역시 쉬크하게 담배에 불을 붙였다. 담배 연기로 가득 찬 머리를 감싸 안고 괴로워하며 잠시 금연석 통로로 피신했던 그때의 기억이 겹쳐져서 결국 노트북을 덮고 자리에서 일어났다.

테라스 자리의 실상을 몇 번 맞닥뜨린 후 노트북을 들고 야외에 자리를 잡는 일은 줄어들었지만 햇살이 좋은 날이면 거리를 향하고 앉아 시원한 맥주를 마시거나 쌉싸름하고 달콤한 커피를 마시고 싶다는 생각이 자연스레 피어올랐다. 이별 후 기운이 없을 때에 애써 몸을 일으켜 찾아간 곳 역시 Café de Flore의 테라스 석이었다. 빈 자리가 나기 무섭게 도로 채워지는 그곳에서 노련한 웨이터 아저씨들은 적절한 타이밍에 주문을 받고 물 흐르듯 접시와 찻잔을 날랐다. 아저씨가 내려놓은 커피가 아무래도 베일리스 커피가 아닌 것 같은데 하며 고개를 든 순간 동시에 아저씨도 갸웃하며 내 쪽을 바라보았고, 아저씨는 걱정 말라는 얼굴로 고개를 한 번 끄덕이더니 베일리스 한 병을 통째로 가져와 넉넉히 부어 주고 다시 물 흐르듯 멀어져 갔다. 특유의 눈을 찡긋하는 표정을 남겨두고서. 베일리스 향이 달달하게 올라오는 진한 에스프레소와 함께 바닐라 빈이 콕콕 박혀있는 밀푀유를 먹으며 나는 조금씩 기운을 차렸다. 눈짓만으로 달콤 쌉싸름한 무언가를 가까이 둘 수 있는 테라스 차양 아래 오후의 햇살이 천천히 흐르고 있었다.

아, 불어

프랑스어, 그러니까 불어를 배우고 싶다는 생각은 꽤 오래 전부터 마음 한구석에 자리하고 있었다. 그러나 새삼스레 새로운 언어를 시작하자니 아직 영어도 일어도 그 모양이면서 또 일을 벌인다는 찜찜함이 어깨 위에 팔을 얹었다. 그렇게 주저하는 와중에도 영화 '아멜리에'나 미셸 오슬로 감독의 애니메이션을 볼 때면 언젠가 저 단어를 입 안에서 굴려보고 이야기를 알아들을 수 있으면 참 좋겠다는 생각이 수면 위로 기포를 터뜨렸다.

여전히 일은 바쁘고 영어와 일어의 상태에는 변함이 없던 2016년 봄, 좋아하던 서점 '일단멈춤'에서 3월부터 일주일에 1번씩 불어 수업을 진행할 예정이라는 공지가 올라왔다. 동경하던 언어와 즐겨 찾는 서점이 합쳐지자 슬슬 시작해봐도 되지 않을까 하는 마음이 어디에선가 불쑥 튀어나왔다. 그때부터 종로에서 염리동으로 왕복 한 시간이 넘는 거리를 열심히 오가기 시작했다. 수업이 끝나면 다시 버스를 되짚어 돌아와 야근을 해야 했지만 슝슝거리는 문장을 오가고 R 발음으로 목 안을 긁다 보면 별다른 이유 없이 즐거운 기분이 되었다.

그곳에서 언제나 밝고 씩씩하게 수업을 진행하는 혜리쌤을 처음 만났다. 단어와 문법으로 문장을 분절하지 않고 자주 사용하는 문장 그 자체에 익숙해지도록 하는 선생님의 수업 방식은 슬금슬금 우리의 손을 불어의 세계로 잡아끌었고, 우리는 한창 말을 배우는 영아의 마음으로 통째의 표현을 삼켜 갔다. 크로아상과 바게트를 시작으로 수업을 거듭할수록 주섬주섬 늘어난 간식거리 덕분에 불어는 점점 달콤하고 고소한 질감이 되어 갔고. 수업이 끝나고 혜리쌤과 이따금 지하철에서 나누던 이야기는 프랑스 영화와 음식에서 점차 개인적인 고민으로 농도를 더해 갔다. 어느덧 사계절이 흘러 우리는 와인과 케이크를 나누는 수업으로 연말을 기념했다.

비록 정관사le la les와 부정관사un une des의 늪에서 허우적대고 단번에 읽을 수 없는 단어를-이를테면 meilleur-여전히 마주하는 동안 나는 영어와 미묘하게 다른 단어에 조금씩 익숙해졌다. 2개월 간의 파리 체류를 앞두고 '가 있는 동안 자연스레 불어가 늘겠네' 하던 주변의 반응과 달리 지금 상태로는 크게 불어가 늘지 않으리라는 생각이 들었고, 그것은 실제로도 그러했다.

　돈을 세는 단위를 조금씩 빨리 알아듣고 불어 특유의 어조에 익숙해질 뿐. 파리에서 나는 그저 음식과 술을 주문할 수 있는 인사성 밝은 외국인에 지나지 않았다. 체류 기간 동안 당연히 끝낼 거라 생각했던 문제집 역시 혼자서는 진도가 쉬이 나가지 않았다. 그럼에도 불어와 친해지고 싶은 마음에 골목을 돌아다닐 때면 자그맣게 간판의 글씨를 웅얼거렸고, 후에 와이파이가 있는 장소에 안착해서는 입 안에 담아둔 몇 개의 단어를 꺼내어 보며 궁금증을 해소했다.

　파리에서 지내는 동안 놀랐던 점은 식당이나 카페, 택시 등 웬만한 접객업 종사자들 중에서도 영어를 하지 못하는 사람들이 꽤 많다는 점이었다. 간단한 표현조차 통하지 않는 경우가 더러 있었고 알면서도 모르는 척이라고 하기에는 표정이 꽤나 난처해 보여서 나 역시 짧은 불어 실력에 덩달아 난처한 얼굴이 되기 마련이었다. 애써 와인이나 요리 이름을 불어로 발음해 보이면 비웃는 표정으로 유려한 발음을 선보이던 콧대 높은 직원도 있었지만, 대부분의 사람들은 내가 조금이라도 불어를 할 줄 안다는 사실에 경계를 풀고 안도하는 얼굴을 보였다. Excuse moi와 Merci, Pardon만 알았던 이전의 파리행에서 그랬듯이 이번에도 일단 첫 인사를 프랑스어로 건네면 그 이후에는 영어로 말하더라도 대화가 한결 부드럽게 풀려간다는 느낌을 받았다.

그중에는 더러 안도를 넘어 외국인을 현지인처럼 대하는 프랑스인들도 있었다. 그들은 자신이 영어를 하지 못하고 상대방이 불어를 알지 못하더라도 아무렇지 않게 긴 수다를 늘어놓았다. 파리에 도착한 첫날 찾아갔던 식당 주인 아주머니 역시 지금 부엌에 무슨 설비가 고장 나서 영업을 할 수 없다는 상황과 그에 대한 자신의 심경을 한참 동안 내게 토로했는데, 그동안 "불어를 잘 몰라요."라는 말과 오묘한 나의 표정 그 어느 것도 아주머니의 기세를 잠재울 수는 없었다.

프랑스인들에게 난감한 표정을 여러 차례 보이는 동안 자책의 대명사였던 영어가 조금씩 다르게 보이기 시작했다. 아무리 사용해도 이물감이 느껴지는 제1외국어에서 대강의 말을 알아듣는 것만으로 대단한 타국의 언어로. 만약에 영어 정도로만 불어를 알아들을 수 있다면 파리에서의 시간이 곱절은 풍성해질 것 같았다. 적어도 요가 수업에서 길게 이어지는 느낌과 심상에 대한 묘사를 대강이라도 파악할 수만 있다면. 그토록 스트레스였던 영어가 이다지도 곱게 느껴지다니 희한한 일이었다. 이따금 파리의 길목 어드메 혹은 카페 테라스에서 영국 악센트가 들려올 때면 물밀듯 반가움이 밀려들었고 뒤이어 영어가 이토록 편안하게 들리다니 말두 안 된다는 어색함이 쭈뼛거리며 고개를 내밀었다.

답답함과 호기심 사이에서도 불어는 여전히 가까워지고 싶은 낯선 이였고 발음하는 순간 향긋하고 진한 음식으로 변하는 마법의 주문이었다. 현지에서 자연스레 언어가 늘기 위해서는 이미 보유하고 있는 실력이 일정 수준 이상이어야 한다는 사실을 매일매일 체감하는 나날이었지만, 불어에 대한 흥미를 잃지 않고 보다 관심을 갖게 된 것으로 충분하다고 영어 자책자는 마음을 토닥였다.

미술관에서 간혹 불어의 원 제목과 영어로 번역된 제목의 차이가 느껴질 때면 알고 있던 그림도 새삼스레 다가왔고, '아멜리에'에서 아멜리가 붙인 포스터에 쓰여진 'Quand? Où?' 언제? 어디서?라는 글자처럼 거리의 몇몇 글자들이 눈에 들어오는 것만으로 몽글몽글 방울지는 기쁨이 있었다. 언젠가 다시 파리를 찾는 날엔 이곳 사람들의 수다스런 이야기에 몇 마디의 문장을 송송 굴려보며 조금 더 풍성한 파리를 만날 수 있기를, 불어 초급자는 아쉽게 입을 앙다물었다. Dieu le veuille부디 그렇게 되기를!

Donaukanal 〜 Wien *5 nights*

  비엔나에서는 'Before Sunrise' 속 셀린과 제시의 발걸음을 따라 Alt & Neu에서 레코드 판을 훑어보고 Café Sperl의 소파 자리를 물끄러미 바라보다가 The Prater의 큼직한 관람차 안에서 둥그런 보름달을 눈에 담았다.

  유리로 된 역사 밖으로 노을이 지고 밤이 내리는 동안 Mr. Lee의 연어 초밥을 먹으며 한없이 앉아있던 날도, 길거리에서 커리 부어스트에 맥주를 마시다 무작정 도나우 강변을 찾아가 서성이는 날에도. 언제나 전선에 매달린 커다란 가로등이 어둑한 밤길을 환하게 밝혀 주었다.

  뒤늦게 파리 집주인의 횡포에 시달리던 날 밤, 모차르트 음악회에서 중국인들에게 고압적인 자세로 훈계를 퍼붓는 유럽 할배들을 보고 버젓이 존재하는 인종 차별에 생각을 놓을 수 없었지만. 그럴수록 커피가 맛있는 Café Demel과 Café Central에서 라떼 위에 보드라운 우유거품을 올린 Melange와 생크림을 얹은 Franziskaner를 번갈아 시키며 달콤함에 마음을 달랬다.

암스테르담의 호스텔에서 만났던 한국인 H를 다시 만나 레몬향과 사과향이 배어든 라들러에 슈니첼, 타펠슈피츠, 바비큐 립 등 온갖 고기 요리를 먹는 동안 그간 야윔해졌던 얼굴에도 다시 살이 오르기 시작했다. "언니, 그때보다 얼굴이 괜찮아진 것 같은데요?"라는 그녀의 말에 조금 마음이 놓였다.

예정된 시간이 지나 비앤나를 떠나는 날, 셀린과 제시가 훗날을 기약하며 헤어진 Westbahnhof에서 나는 홀로 애틋하게 기차에 올랐다. 어디에도 제시는 보이지 않았고 고개를 돌린 차창 밖으로 한없이 푸른 들판이 이어졌다.

~~~ 수변, 열한 번째

런던, 파리의 부엌에서

언젠가 후배 P가 그런 말을 한 적이 있었다. 비싸고 맛있는 음식도 좋지만 요즘 가장 먹고 싶은 건 집에서 만든 계란밥이라고. 그 위에 구운 스팸을 얹어서 먹으면 그것만으로 행복한 기분이 들 것 같다고. 조용히 그러나 단단한 어조로 말하는 그녀의 표정에 잠시 멍해졌다. 매일 야근이 정해져 있는 평일에 저녁을 만들어 먹는 건 품을 수 없는 호사였다. 주말에도 출근을 해야 하거나 이런저런 일정과 약속이 있던 탓에 갓 지은 밥에 계란을 비비고 스팸을 구울 여유는 쉽사리 나지 않았다. 취업을 하고 밤낮없이 일한 결과 가장 먹고 싶은 음식이 계란밥이 되다니. 수면 부족과 만성 스트레스에 시달리는 일상 속에 행복이 있다면 그건 아마 계란밥 같은 것이 아닐까요- 그날 우리의 대화는 그렇게 마무리되었다.

요리는 언제나 좋아했지만 요리를 할 틈은 쉬이 나지 않았다. 음식을 만들어 먹는다는 건 단순히 재료를 손질하고 조리하는 과정이 전부가 아니었다. 장을 보러 가서 필요한 재료를 담아 오고 조리 전 밑 손질을 끝낸 다음 음식을 만들고 벌여 놓은 난장을 모두 정리하는 데까지는 꽤 많은 시간과 품이 들었다. 어쩌다 큰 마음을 먹고 허브나 채소를 사 놓으면 한 번 쓰고 남은 재료가 되었고 시간이 흘러 정현김에게 '니가 그때 사놓은 거 다 버렸다'는 소리를 듣기 일쑤였다. 틈이 나길 기다리는 동안 내가 좋아하는 재료로 입맛에 맞는 음식을 만들고 싶다는 바람은 어느덧 오랜 열망이 되어 있었다.

마침내 시간부자가 되어 숙소를 정하면서 가장 먼저 확인했던 사항은 부엌을 마음대로 쓸 수 있는가 하는 것이었다. 하루키 소설 속 주인공이 맥주를 마시며 느긋하게 샐러드를 만들고 삶은 파스타를 먹으며 하루를 마무리하는 것처럼 아무렇지 않게 냉장고를 열어 그날그날의 음식을 만들고 싶었다. 요리가 어디까지나 이례적인 이벤트가 아닌 잔잔한 일상이 되기를 바랐고 시간을 더해 가며 자연스레 요리의 리듬을 몸에 익히고 싶었다. 사 먹는 음식과 만들어 먹는 음식의 가격 차이가 크다는 점 역시 요리에 대한 마음을 부추겼다.

Sainsbury's와 Tesco를 들락거리며 생겨 놓은 재료로 플랫에서 첫 요리를 하던 날, 연어를 굽고 샐러드를 곁들여 저녁을 먹으려던 차에 미쿠가 배가 고프다며 방에서 나왔다. 드디어 요리를 한다는 기쁨에 차서 나는 오랜만에 요리를 하는 주제에 혹시 괜찮으면 같이 먹을래? - 말을 건넸다. 단순한 조리에 불과했지만 이렇게 하면 맛있지 않을까 하는 느낌으로 올리브오일에 버터와 다진 마늘을 곁들여 연어를 굽다가 화이트 와인을 조금 붓고 통후추를 갈았다. 거기에 양파와 버섯을 한데 볶고 커다란 접시 위에 샐러드와 케이퍼, 올리브를 얹고 마지막으로 레몬 한 조각을 곁들였다. 사용하고 남은 화이트 와인도. 부엌에 식탁이 없는 관계로 완성된 접시를 하나 미쿠에게 건네고 내 방으로 들어왔다. 방금 요리한 따뜻한 연어를 작게 잘라서 입에 넣으니 따끈한 행복이 부드럽게 씹혔다. 접시 위에는 내가 좋아하는 재료가 가득했고 갓 꺼낸 와인은 산뜻하게 찰랑였다. 이렇게 계속 뭔가를 만들면 되겠다는 자신을 안고 설거지를 시작하려는데 미쿠가 깨끗이 비운 접시를 들고 나오며 "엄청 맛있었어!" 하고 엄지를 들어 보였다.

그 후로 조금씩 채소의 종류를 늘려가며 집 근처 Organic 식료품점에서 장을 봐오고 Whole Foods Market에서 허브와 향신료를 하나둘 사 모았다. 냉장고에 양파, 감자, 당근, 버섯, 양상추와 레몬, 라임, 그리고 닭고기, 소고기, 새우가 떨어지지 않도록 일주일 단위로 빈 항목을 채워 넣고-맥주, 미니 화이트 와인, 미니 레드 와인도-그날의 기분에 따라 닭을 굽거나 토마토를 끓였다. 같은 재료를 장바구니에 담아 넣고 냉장고를 채워 넣는 일을 반복하면서 어쩌면 이렇게 매번 같은 일을 되풀이하며 사는 것이 인생이 아닐까 하는 생각이 들었다.

  일상처럼 냉장고를 여닫고 가스 불을 켜서 음식을 만드는 동안 알게 된 것은 내가 생각보다 더 요리를 좋아하는 사람이라는 것이었다. 장을 봐서 무거운 재료를 이고 지고 오는 일이나 신중하게 칼질을 하고 시간을 들여 음식을 푹 익히는 것 중에 어느 것 하나 번거로운 과정이 없었다. 집중해서 채소의 껍질을 벗기고 미끄러지지 않게 양파를 썰고, 알맞은 시간에 재료를 볶고 끓이는 동안 가쁜 숨 사이로 느껴지는 흐름이 있었고. 그것은 처음으로 마주하는 요리의 리듬이었다. 마음이 복잡할 때는 요리의 리듬에 몸을 맡기고 음식을 만드는 데에만 온 신경을 기울이기도 했다. 그렇게 완성된 음식에 와인이나 맥주를 더해 한바탕 먹고 달아오른 얼굴로 침대에 기대어 앉으면 시끄러운 생각이 저만치 멀어져 있었다. 어느덧 파리로 떠나야 할 시간이 다가왔고 나는 런던에서 매일같이 사용하던 오일과 각종 소스, 허브를 바리바리 챙겨 들고 유로스타에 올랐다.

  파리의 Monoprix에는 입이 떡 벌어질 만큼 다양한 치즈와 와인, 요거트가 선반을 가득 메우고 있었다. 그리고 집 근처 골목 구석구석엔 보드랍고 담백한 온갖 빵과 신선하고 달달한 과일을 파는 가게가 숨어 있었다. 무엇보다 Pyramides역 부근에는 커다란 아시안 마트가 있었다. 그곳에서 생선회와 계란말이, 깻잎절임과 총각김치를 담으며 잔뜩 신이 난 기분으로 기다란 무를 바게트처럼 가방에 넣었다. 비닐봉지는 안 주셔도 돼요 – 덤으로 한국말을 주고받을 수도 있었다.

파리에 오고 나서 새삼 깨닫게 된 사실이지만 런던은 Sainsbury's나 M&S, Tesco 같이 가공품을 파는 커다란 체인 마트가 많은 대신 그만큼 간편히 요리해 먹을 수 있는 밑재료를 구하기가 쉬웠다. 바로 먹을 수 있는 샐러드라든지 낱개들이로 파는 채소와 해산물을 손쉽게 구할 수 있었고 다진 마늘, 올리브, 할라피뇨 같은 병에 든 가공품이나 소스를 사들이기도 편했다. 그래서인지 파리에서 조금씩 더 신선하고 맛있는 채소와 과일을 맛보았다면 런던에서는 다채로운 음식을 부담없이 시도해볼 수 있었던 것 같다.

이별을 하고 식욕과 소화력이 감퇴된 때에도 나는 애써 몸을 일으켜 식료품점에서 단물이 뚝뚝 떨어지는 멜론과 복숭아, 적당히 말캉거리는 무화과와 푸룬을 담아와 손가락 사이로 과즙을 흘렸다. 한창 기력이 없던 날에는 마침 사둔 에쉬레 버터와 보르도 와인이라면 맛있는 뵈프 부르기뇽Boeuf Bourguignon을 만들 수 있을 것 같아서 기운을 차려 Monoprix에서 소고기를 사왔다. 뚝 잘라 낸 버터에 고기를 볶고 찰박찰박 부은 와인 위로 런던에서 이고 온 허브를 솔솔 뿌린 다음 와인이 졸아들 동안 다시 사다리를 타고 올라가 자리에 누웠다. 힘없이 누워있는 복층으로 이내 와인과 버터의 진한 향이 섞여 들었다. 나는 뵈프 부르기뇽의 감각적인 냄새를 맡으며 몇 번이고 난간에 몸을 기대어 아래층 부엌에서 끓고 있는 냄비를 소중하게 바라보았다. 와인의 새콤함에 녹진하게 고소한 버터 향과 바질, 타임, 통후추의 향이 더해져 보글보글 피어오르던 냄새는 정말이지 '사랑의 향기'를 닮아 있었다. 그것은 스러져 있던 기력을 살곰살곰 북돋는 향이었고 눈 앞의 시간들에 다시금 기대를 갖게 하는 내음이었다. 그 기세에 하나 가득 끓인 뵈프 부르기뇽을 모두 먹어 치우고 다시 배탈이 나게 되었지만. 그 후 조금씩 마음을 일으켜 다시 그린커리를 끓이고 파스타를 삶으며 나는 남은 와인과 치즈의 시간을 묵묵히 비워 나갔다.

온전히 몰두한 채 차근차근 스텝을 밟아나가는 요리의 흐름은 일상을 살아가면서 계속 곁에 두고 싶은 리듬이었다. 그 리듬을 따라 방금 굽고 삶아 낸 음식을 삼키며 런던, 파리에서의 시간을 무사히 지나올 수 있었다. 생각해보면 익숙한 모든 것에서 멀리 떨어져 홀로 지내는 마음을 채워 주었던 것은 언제나 스스로 고르고 차려낸 밥상이었다. 그리고 런던, 파리의 부엌에서 보낸 세 계절의 시간들은 결국, 그토록 그리던 계란밥을 비비고 스팸을 굽는 순간들이었다.

이별의 순간, 곁에 있어준 파리

 오롯이 홀로 이별을 맞이하고 나니 눈앞에 펼쳐진 시간이 주체할 수 없을 만큼 거대했다. 나는 한아름의 시간을 지고 9시가 넘어서야 어둑해지는 하늘을 기다렸다. 더 이상 불어난 시간을 요가 매트 위의 개운함과 곤한 낮잠으로 흘려보낼 수도 없었다. 시간부자를 염원하던 시기의 내가 이 모습을 본다면 고개를 절레절레 흔들었을지도 모르지만 정해진 출퇴근 시간도, 쓸쓸한 마음을 얘기할 가족도 친구도 없이 헤어짐을 겪어내는 건 생각보다 가혹했다. 마음이 고르지 않으니 글도 잘 이어지지 않았다. 새삼 내게 익숙한 공간에서 한참 떨어져 있다는 실감이 들었다.

 예견된 결말은 비워진 병실의 침상처럼, 깊은 충격 대신 긴 상실의 그림자를 드리웠다. 사라진 식욕의 빈자리를 묵직한 허기가 대신했고 힘겹게 음식을 만들어도 힘있게 소화해

내지 못했다. 생각을 비우려 거리로 나가면 두 시간 만에 방으로 돌아가야겠다는 생각이 들었고. 비로소 하루의 끝에 잠을 청해도 밤의 한 가운데에서 스르륵 눈이 떠졌다. 난간 너머에 떠있는 컴컴한 허공을 보고 있으면 마음속이 켜켜이 어두워졌다. 깊은 암흑 속에서 부여잡고 싶은 것이 있었다면 그것은 끊어진 인연보다도, 흘러가 버린 런던에서의 시간들이었다.

    런던에서의 3개월이 그렇게 지나가 버렸다는 사실이 가슴에 얹힌 듯 답답했다. 어떻게 만들어낸 시간인데. 수없이 그려오던 미래가 애석한 과거가 되었다는 것이 허망하고도 쓸쓸했다. 관계를 잘 이어보려고 애썼던 시간들은 무용했고 노력은 덧없이 사라졌다. 이제 더 이상 V&A 라운지에 앉아 글을 쓸 수도, 배터시 파크를 걸을 수도 없었다. 2층 버스에 앉아 템스강변을 바라볼 수도. 그때 문득 강을 보러 가자는 생각이 들었다. 밤의 강으로 걸어가 예전에 그랬듯 하염없이 물을 바라보고 오자고. 나는 열쇠를 챙겨 들고 길을 나섰다.

    10분 정도 걸었을까. 빗방울이 똑 - 이마에 떨어졌다. 으레 그렇듯이 파리 하늘을 잠시 지나가는 소나기겠지 생각하며 계속 길을 걸었다. 다시 집에 돌아가기도 애매한 거리였다. 이윽고 은은하게 일렁이는 센 강의 얼굴이 보였고 나는 걸음을 서둘러 강변으로 내려갔다. 강둑에 앉아있는 동안 한두 방

올 떨어지던 비는 본격적인 장대비가 되어가고 있었다. 금방 사그라들 기미가 보이지 않는 빗줄기에 사람들은 하나둘 자리를 떠났다. 넘실대는 검은 물 앞을 서성이다가 아무래도 안 되겠다 싶어 거리로 올라왔을 때는 이미 폭우가 쏟아지고 있었다. 얼른 버스 정류장 안으로 뛰어 들어가 기약 없이 비가 멎기를 기다렸다. 천둥 번개가 치는 빗줄기 사이로 차가 쐐앵 시나다녔고 빗방울은 쌓인 빗물 위에서 쉴 새 없이 튀어 올랐다. 매일 가지고 다니던 우산을 처음으로 챙겨 나오지 않은 날이었다.

좌우로 들이치는 비를 맞으며 나는 한참 동안 비 내리는 파리를 바라보았다. 정류장에서 보이는 낡은 팔레트 같은 거리가 난감하리만치 예뻤다. 붉은 후미등과 파란 신호등, 노란 헤드라이트는 물에 젖은 바닥 위로 색색의 그림자를 드리웠고, 점점이 수놓인 노오란 낙엽을 빗물이 한데 그러모았다. 잦아들지 않는 빗속에 가장 예쁜 파리의 가을이 펼쳐지고 있었다. 저만치서 뛰어와 비를 긋는 사람, 버스를 기다리는 사람, 택시를 잡아타는 사람 모두 말없이 비를 맞으며 형형색색의 거리를 바라보고 있었다.

폭우는 지나갔지만 아무리 기다려도 비가 그치지 않아 결국 빗속을 걸어가기로 했다. 처마 밑마다 쉬어가면 된다고 말하던 영화 '클래식'의 상민 선배조인성를 떠올리면서. 우산 없이 비를 맞는 일은 꽤 오랜만이었다. 후둑후둑 머리를 때리던 빗방울은 금세 볼을 타고 줄줄 흘러내렸다. 커다란 차양이 보이면 잠시 비를 피하다가 얼굴을 문지르고서 다시 빗속으로 들어가기를 수차례. 집에 도착할 때까지 비는 이어졌고 무사히 들어온 방 안에서 나는 안도하며 수건을 찾았다. 샤워 후 25분 거리의 강변 산책을 기나긴 모험으로 만든 비를 잠시 바라보다가 그날은 곤한 잠에 빠져들었다.

비가 온 다음날은 눈부시게 화사한 아침이 밝아 왔다. 비둘기색 지붕을 마알갛게 비추는 햇살을 보면서 나는 파리에서의 시간마저 아쉽게 흘려보낼 수는 없다고 마음을 다잡았다. 그 길로 가을의 색을 보러 뤽상부르 공원을 찾고 안젤리나의 농후한 몽블랑 케이크를 위해 줄을 섰다. 주말에는 '아멜리에' 카페Café des Deux Moulins의 주말 브런치를 즐기고 마리아쥬 프레르 티룸에서 찻잎을 우리며 남은 파리에서의 시간을 충실히 지냈다. 그리고 파리를 떠나기 전에 한 번 더 센 강변을 걷고, 가지고 있던 와인을 모두 부어 마지막 뵈프 부르기뇽을 뭉근히 끓였다.

후회와 자책으로 파삭거리던 내 곁에서 파리는 바게트의 보드라운 속살처럼 다정히 머물러 주었다. 근사한 광경과 향긋한 음식들 사이로 나를 잡아끄는 아름다운 언니처럼. 그 시간을 함께하고 나니 파리는 더욱 애틋했다. 아름다운 언니와 마지막으로 뵈프 부르기뇽을 먹고 와인을 마시던 날 나는 한 가지 다짐을 하기로 했다. 앞으로는 내가 깊이 좋아할 수 있는 사람을 좋아하겠다고. 자꾸 무언가 마음에 채이고 생각이 많아지는 상대라면 그 생각을 쉬이 넘겨 버리지 않고 마음을 차분히 들여다보겠노라고, 언니에게 다짐을 이야기했다. 시간이 지난다고 해서 좋아할 수 없는 부분에 무뎌질 수는 없는 것이고, 예정된 이별이라 하여 아프지 않은 것은 아니었으므로. 그 대신 언젠가 마음이 가는 이를 발견하게 되면 조심스레 다가가 꼭 진심을 전해 보자고 가슴에 손을 얹었다. 그런 나에게 언니는 지그시 미소를 보였다.

언니와 헤어지는 날, 파리의 하늘은 그날의 아침처럼 파아랗게 환했고 나는 언니의 뒷모습을 오래도록 눈에 담았다.

어디에나 있었던 사람 스트레스 3.
- 다시 돌아갈 수 없어진 Studio

F에 대한 첫 인상은 합리적이고 너그러운 집주인이라는 것이었다. 예약을 요청하면서 혹시 친구나 가족이 놀러 오면 방을 함께 사용해도 될지 물어보았을 때, F는-P와 달리-추가요금을 내야 한다는 말도 없이 '괜찮으니 미리 얘기만 해달라'는 답을 쿨하게 보내왔다. 그렇지만 체크인과 체크아웃하는 날을 포함해서 나는 한 번도 실제로 F를 만난 적이 없었고 집을 찾아왔던 사람은 항상 F의 남편이라는 G였다. 그래서인지 F에게 보낸 메시지가 G에게는 전달되지 않아 오해를 빚는 일이 생겨났고, 사소한 오해는 작은 불씨가 되었다.

1

체크인 당일에 F는 갑자기 휴가차 파리를 떠나왔다며 청소

담당자 번호를 내게 보내왔다. 여전히 전화 기능이 없는 해외 유심 폰으로 나는 택시 기사 아저씨에게 전화 한 통을 요청했고. 설상가상으로 기사 아저씨가 잘못된 방향으로 번지수를 알려준 바람에 무거운 짐을 끌고 같은 골목을 몇 번이고 서성이다 겨우 대문을 발견했다. 대문을 열자 한참 전에 통화를 했던 청소 담당자가 지친 얼굴로 나를 맞이했다. 그리고 지친 우리 앞에 계단이 놓여져 있었다.

체크인으로 혼을 쏙 빼고 첫날 복층 계단을 올라 자리에 눕자 매트리스가 조금 이상했다. 탄탄한 매트리스를 기대할 수 없다는 것은 그간의 경험으로 알고 있었지만 이곳의 매트리스는 허리 부분이 원형으로 움푹 패여 심히 난감한 정도였다. 자고 일어나자 확실히 허리가 뻐근했다. 어떤 조치라도 취해 주지 않을까 하는 순진한 기대를 갖고 보낸 메시지에 돌아온 답은 한번도 그런 문제 제기를 받은 적이 없으며 혹시 그렇다면 매트리스를 거꾸로 뒤집어보라는 것이었다. 복층 공간에서 머리로 매트리스 뒤를 받치며 겨우 매트리스를 뒤집자 그나마 조금 나은 상태가 되었다. 잠시나마 품었던 헛된 기대를 반성하면서 이제 괜찮다는 답을 보내고 매트리스 건을 일단락 지으려는데, 그녀는 매트리스 상태를 보러 나중에 남편 G를 보내겠다는 메시지를 보내왔다.

2주가 지나고서 찾아온 G가 한 일이라고는 매트리스를 두어 번 손으로 눌러 보고 "Everything is fine?" 하고 물어본 것이 전부였다. 그는 귀찮은 일로 여기까지 왔다는 언짢음을 애써 누르는 얼굴이었고, '복층 계단을 올라갈 때는 신발을 꼭 벗어달라'는 이 집의 매뉴얼을 무시한 채 구둣발로 사다리를 오르려다가 내가 "저기 신발…" 하며 제지하자 다시 짜증을 꾹 참으며 신발을 벗었다.

G가 집에 찾아온 날은 마침 H가 놀러와 있는 때였다. 며칠 전, 수요일에 G를 보내겠다는 F의 말에 나는 친구가 와서 며칠 동안 같이 지내게 될 예정이라는 메시지를 보냈고 F는 거기에 대해 별다른 말 없이 '수요일에 괜찮다는 거지?' 라는 답을 보내왔다. 그러나 G는 집에 나 말고 다른 사람이 있다는 사실에 흠칫 놀라는 표정을 지었다. 그는 별다른 말을 않고 돌아갔지만 그 후 F로부터 불쾌함을 담은 메시지가 날아왔다. 골자는 보다 미리 말해줬어야 하는 게 아니냐는 내용이었다. 나는 상반된 F의 메시지에 놀라며 처음에 그녀가 쿨하게 허용했던 내용대로 나는 약속을 어긴 것이 아니라는 말과 함께 다음부터는 이런 일이 없도록 하겠다는 답을 보냈다. F는 알겠다며 더 이상 이 건에 대해서는 말하지 않겠다고 답했고 나는 이것으로 이 사건이 마무리되었다고 생각했다.

2

 부엌에 있는 환풍기가 고장 난 지 한 달이 지났을 즈음 F는 환풍기를 고치러 사람을 보내겠다는 연락을 해왔다. 그 날은 네덜란드 여행으로 집을 비우는 때였다. 집에 돌아와보니 환풍기는 제 기능을 하고 있었지만 싱크대며 가스레인지 위에 올려놓았던 식기와 프라이팬 위로 온갖 먼지가 떨어져 있었다. 다시 전부 설거지를 하고 나서 나는 아무 말 없이 환풍기를 고쳐줘서 고맙다는 답을 보냈다. 그때 집에 찾아왔던 사람도 G가 아니었을까 생각하면서.

 체크아웃을 하기 며칠 전 F는 혹시 생활하면서 무언가가 깨졌다든지 하는 고지 사항이 있는지 물어왔다. 낡은 집이었기에 타일에 붙어있는 행주에 손을 닦다가 타일이 뚝 떨어지는 일이 있었고 냄비뚜껑의 손잡이 부분 고무가 훌렁 빠지기도 했다. 다행히 둘 다 깨지지는 않아서 그 상태 그대로 두었다고 말하니 F는 그런 것쯤은 별일 아니라고 그대로 놔달라는 쿨한 답변을 보내왔다. 이윽고 파리의 마지막 밤, 나는 수많은 감정을 겪어야 했던 이 방에서의 추억을 떠올리며 잠이 들었다.

 문제의 체크아웃 날에는 12시 반 비행기를 타러 아침 일찍 길을 나서야 했다. 남은 치즈를 잘라먹고 짐을 싸고, 버릴 쓰레기를 가득 쌓아 두고 있을 때 G가 문을 두드렸다. 시간이 촉박했지만 G가 온 후에 쓰레기를 내다 버리고 설거지를 할 수 있을 테니 일단 짐부터 싸 놓자는 생각이었다. G는 그리 유쾌한 표정을 짓지는 않았지만 역시 아무 말 없이 구둣발로 복층 계단을 성큼성큼 올라가 침대 시트를 걷었고. 나는 그동안 쓰레기를 밖에 내다 버리고 트렁크를 닫았다. 마지막으로 남은 그릇 세 개 분량의 설거지를 얼른 하겠다고 하자 G는 자기가 시간이 충분하지 않다며 그냥 내버려두고 가라고 나를 말렸다. 그의 태도가 강경했기에 나는 그가 시키는 대로 그릇을 내려놓은 채 가방을 메었다.

그는 1층까지 트렁크를 들어다 준 뒤 "Thank you for staying here. Have a nice trip."이라며 나이스한 작별 인사를 건넸다. 무척 예쁜 파리의 하늘에 아쉬운 발걸음으로 공항으로 향할 때쯤 호스트로부터 후기가 작성되었다는 알림이 울렸다. 후기를 쓰는 걸 귀찮아하는 호스트들의 특성상 꽤 이른 알림이었지만 대수롭지 않게 생각했다. 대놓고 좋지 않은 평을 들을 만할 일을 한 적은 없었으니까.

3

에어비앤비 사이트의 방침상 게스트가 후기를 올리기 전

까지는 호스트의 후기를 확인할 수 없었기에 비엔나에 도착한 지 이틀 정도가 지나 한가해졌을 때쯤 나는 에어비앤비 사이트에 들어갔다. 매트리스의 불편함이나 체크인 당시의 당혹감 등에 대해서는 굳이 언급하지 않고 무난한 평을 작성한 후 역시나 무난한 후기를 기대하며 F의 후기를 클릭했을 때 나는 두 눈을 의심하지 않을 수 없었다.

쿨한 태도를 보이던 F와 면전에서는 아무런 불편한 기색 없이 말을 아끼던 G는 나에게 최악의 후기를 선사하고 있었다. 내가 그들과 한 약속을 존중하지 않았고, 너무너무 더럽게 방을 사용했다는 것이었다. 그들이 남겨놓은 몇 개의 문장에 의해 나는 다른 호스트들이 보기에 절대 집에 들이고 싶지 않은 최악의 게스트가 되어있었다. 그들은 거기에 그치지 않고 비공개 메시지로 나에게 이 후기에 놀랐겠지만 이 점을 참고로 앞으로는 조심하라는 식의 훈계마저 덧붙였다. 그깟 에어비앤비 따위 다시 이용하지 않으면 그만이라고 생각할 수도 있겠지만 그게 그렇게 되지가 않았다. 머리가 무거웠고 이유 모를 분함이 울컥울컥 치솟았다.

직접 나에게 이야기를 할 수도 있고 메시지를 보내 항의를 할 수도 있었을 텐데 아무런 언질도 없이 공개적으로 비난의 문장을 남겨놓은 그들의 방식이 생각할수록 비열하고 부당하게 느껴졌다. 수없이 되뇐 그 후기에서는 내가 매트리스에 대해 불만을 얘기하고, 친구를 데려왔을 때부터 그들은 내가 마음에 들지 않았고 그로 인해 악의적인 평을 남겼다는 인상이 느껴졌다. 한 달도 더 전에 '그래 더 이상은 문제 삼지 않을 테니 다음부터는 조심해줘'라는 말로 일단락되었던 일을 가지고 '약속을 존중하지 않은 사람'으로 만들어 놓다니 프랑스인의 뒤끝을 제대로 경험한 순간이었다. 그 후기를 과연 F와 G중 누가 남긴 것인지도 알 수 없었다.

누가 보기에 집에서 난동을 부렸거나 기물을 파손한 것처럼 보이는 최악의 후기를 그대로 남겨 두는 건 도무지 아니라는 생각이 들었다. 그렇다고 그들과 똑같이 바로 에어비앤비 측에 상황을 일러바치고 싶지는 않았다. 일단 F에게 메시지를 보내 상황을 파악하고 1차적으로 그녀와 대화를 하는 게 우선이라고 생각했다.

잘츠부르크로 장소를 옮겨 F와 대화를 할 마음이 들 때까지 머릿속에서 생각을 거듭했다. 점심을 거르고 모두가 나간 도미토리 책상에 앉아 장문의 메시지를 작성했다. 곧 그녀에게서 답이 왔다. 애초에 그런 행동을 취한 사람에게는 그 어떤 것도 기대하면 안 되는 것이었을까.

에어비앤비 측에 상황을 알리는 방법도 있지만 우선 당신과 이야기를 할 필요가 있다고 생각했다는 말에 그녀는 그렇게 불만이면 에어비앤비 측에 얘기하던가 - 라는 태도를 보이며 에어비앤비는 마음대로 쓰고 가도 되는 호텔이 아니라는 권위적인 태도로 일관했다. 대체 어느 부분이 그렇게 너무너무 더러웠냐는 질문에는 정확한 예를 들지 못한 채 이상한 말을 늘어놓을 뿐이었다. 매번 씻은 후 올려놓았던 컵 선반이 더럽다는 식으로. 그 '매우 더럽게 사용한 부분'에 대해 내가 항변을 하고 이해가 되지 않으니 다시 구체적으로 항목을 제시해 달라는 답변을 보내자 거기에 대해서는 아무런 대꾸도 하지 않은 채 이 말을 덧붙였다. '정 그렇게 후기가 마음에 안 들면 니가 직접 에어비앤비 측에 얘기해서 지워 달라고 하든가'. 구체적인 근거도 없이 작성한 악의적 후기를 끝까지 자기 손으로는 수정하지 않겠다는 말이었다.

4

F인지 G인지의 끝까지 거만하고 무례한 태도를 접할 때마다 묵직한 돌이 던져진 것처럼 가슴이 내려앉았다. 그러면서 어쩌면 아시아인에 대한 차별일 수도 있겠다는 생각이 스쳐 갔다. 내가 백인 남자였어도 이렇게 시종일관 비열하게 사람을 깔보는 태도를 취할 수 있었을까. 그런 생각을 하면 저 멀리 망망대해를 홀로 떠다니는 유리병이 된 기분이 들었다.

다시 마음을 정리하고 베를린으로 옮겨와서야 에어비앤비 측에 보내는 장문의 편지를 작성했다. 그간의 일들을 영어로 설명하는 과정에서 조금이라도 상황이 다르게 전달될까 싶어 몇 번이고 단어와 문장을 골랐다. 그리고 며칠 후에 답장이 도착했다.

편지는 자기도 에어비앤비 게스트가 되는 경우가 많은데 이런 일을 당하면 정말 기분이 좋지 않을 것 같다는 문장으로 시작되고 있었다. 2주간 끙끙 앓던 마음에 선선한 미풍이 불어왔다. 그는 어차피 호스트도 후기를 지우는 것에 찬성했으니 후기를 삭제할 것이며 내게 위로의 의미로 소정의 크레딧을 지급한다는 뜻을 전했다. 그간 에어비앤비를 이용하면서 한번도 들어보지 못했던 악평을 없애고 나자 그제서야 한숨이 놓였다. 무엇보다 날벼락처럼 맞이한 부당한 상황을 용인하지 않고 어떻게든 그 안에서 빠져나왔다는 데에 후련함이 느껴졌다.

사건은 잘 해결되었지만 사람을 내려다보고 뒤에서 일을 꾸미는 부류의 인간을, 애정하던 파리에서 호스트와 게스트의 관계로 만났다는 점은 일종의 상흔으로 남게 되었다. 약 두 달 간의 추억이 서린 그 공간으로 다시는 돌아갈 수 없게 되었다는 쓸쓸함과 함께.

~~~ 후기

이후에 벌어질 일을 하나도 모른다는 듯이 무난하게 써놓은 나의 후기가 여전히 그곳에 남겨져 있다. 지금 생각해보니 더러운 컵 선반은 내가 집을 비운 동안 환풍기를 고치면서 떨어진 먼지를 얘기한 것일까 싶기도 하지만 팔을 뻗어야만 닿는, 눈에 보이지 않는 높은 컵 선반의 먼지를 가지고 그런 악의적 후기를 남겨 놓았다는 것 역시 이해가 가지 않는다.

그럼에도, 당한 일과는 별개로 매일 조심조심 오르내리던 복층 사다리와 아침마다 열어젖히던 기다란 창문, 핑크색 갓을 씌운 테이블 램프와 와인에 취해 주섬주섬 드러누웠던 하늘색 침대가 이따금 선연히 떠오르곤 한다. 보글보글 피어오르던 비프 부르기뇽의 냄새와 함께.

Salzach ~~~ Salzburg *5 days*

애초에 잘츠부르크에서는 무언가 하고 싶은 것이 없었다. 몇 년째 붙들고 있는 소설에 등장하는 호스텔을 찾아가 그 주변을 걷고 빛바랜 에메랄드 색의 잘자흐 강을 바라보는 것 말고는.

잘츠부르크에 있는 기간은 하필 추석 연휴 기간과 꼭 맞물렸고, 그 사이 새로 생긴 역 근처 호스텔은 굳이 한국인들을 한데 모아서 방을 배정해 주었다. 오랜만에 만난 한국 사람들 중에는 반가운 이도 분명 있었지만, 잠시 멀어졌던 익숙한 불편함을 마주하는 동안 그토록 추웠던 더블린과 델프트에서도 걸리지 않았던 감기에 걸리고 말았다. 코를 훌쩍이며 파리의 집주인에게 항의 메일을 쓰고 있는 나에게 호스텔 스탭 아줌마는 아무래도 너한테는 이게 필요할 것 같다며 크리넥스 한 통을 쥐여 주고 가셨다.

7년 만에 다시 찾은 딸기 호스텔은 학교 기숙사처럼 바뀌어 있었고 호스텔에서 시내까지는 생각보다 거리가 있었다. 나는 방 안의 모두가 추천하는 잘츠부르크 카드를 사는 대신 사람이 모두 나가버린 널찍한 6인실 도미토리에서 오후 나절을 보냈고, 자그맣고 발랄하던 E와 한여름의 보리차 같은 수도원 맥주를 마셨다.

박언니가 알려 준 영화 '사운드 오브 뮤직'에 등장한 저택 Schloss Leopoldskron에서 하룻밤을 보내던 날, 하늘을 총총히 메운 별을 바라보며 몇 번이고 그들의 호숫가를 서성이다가. 언제 보아도 3시간처럼 느껴지지 않는 '사운드 오브 뮤직'을 보며 푹 잠들었다. 다음 날 호스텔로 돌아오자 E는 놀란 목소리로 "언니 감기가 한층 나아진 것 같은데요?" 하며 동그란 눈을 보였고 그러고 보니 정말 감기가 한결 누그러진 듯싶었다.

~~~ 수변, 열두 번째

프리랜서 라이터의 실상

 오랫동안 좋아하던 이의 손을 어렵사리 잡고 나니 그에게 잘 보이고 싶은 마음이 몽글몽글 솟아났다. 글을 써서 그와의 관계를 잘 이어가고 싶은 바람이 뭉근히 일었지만 사랑은 마음처럼 쉽지 않아서, 나는 정말 좋아하는 사람 옆에 있을 때의 먹먹함과 아찔함 속에서 홀로 끙끙댔다. 함께 있는 이가 막막하고 버거울 때와는 또 다른 낯선 감정이었다. 실제로, 주어진 일을 목적에 맞게 처리하고 매월 돈을 받는 시스템과 혼자 묵묵히 책을 만드는 일은 모든 면에서 사뭇 달랐다.
 사귀기로 했는데도 내 쪽에서 데이트 계획을 전부 준비해서 연락하기까지 아무런 말이 없는 남자랑 만나면 이런 기분일까. 새로운 일은 내가 처음부터 끝까지 모든 것을 기획해서 내보이지 않으면 아무것도 시작되지 않았다. 책을 내지 않으면 겉으로 보기에 백수와 다를 바가 없었고, 출간한 책도 없으면서 작가라고 나를 소개해도 되는 걸까 스스로 드는 의구심에 누군가 직업을 물어보면 작가를 '지망'하고 있다고 애매한 첫 인상을 남길 뿐이었다. 머쓱하게 웃고 돌아서는 길에는 여지없이 고개가 떨구어졌다. 언제쯤 나는 이 사람을 사귀고 있다고 자신 있게 말할 수 있을까.

기존에 써 왔던 글에는 해야 할 주장이나 상대방이 궁금해하는 부분에 대한 답이 다 들어가 있으면 그 문장들을 잘 묶어서 제출하면 되는, '그래 뭐 이만하면 됐다'는 선이 있었다. 그러면 그 일을 수행한 것에 대한 금액을 받을 수 있었다. 그러나 내가 그토록 쓰고 싶었던 글에는 '선'이라는 개념이 존재하지 않았다. 일을 할 것인지 말지를 포함하여 모든 것을 내 마음대로 정할 수 있었지만 '이 일을 끝냈다'는 해소감이 덜했다. 결국 내 스스로 이 정도면 됐다 싶은 단계에 이르러 글을 마무리하게 되겠지만 그것이 정말 그만하면 된 것인지는 시간이 흐른 뒤에야 아니 시간이 흘러도 알 수 없는 일인 듯했다. 끊임없이 밀려드는 일을 하나하나 지워나가는 해소감으로 그 속에서 버텼던 내게 새로운 일은 아무것도 약속해 주지 않은 채로 선이 없는 공간을 덩그러니 내어 주었다.

네 가 하 고 싶 었 던 대 로 해 봐ㅣ

흰 종이의 커서는 무미건조한 목소리로 같은 문장을 한 땀 한 땀 반복했다.

흰 종이를 채워 나가는 동안, 좋아하는 남자의 속을 도무지 알 수 없는 아득함에도 나는 조금씩 익숙해져 갔다. 무엇보다 글은 더 이상 해치우고 싶은 대상이 아니었다. 빨리 해치워야 하는 일이 아닌 만큼 '끝냈다'는 해소감은 예전만큼 중요하지 않았다. 그보다는 좋아하는 이와 시간을 '잘' 보내는 것이 더 중요했다. 좋아하는 마음이 클수록 불안이 생기는 건 자연스러운 감정이고 불안을 다독이기 위해서는 그와 함께하는 즐거움에 집중하는 수밖에 없는 것이니까. 다행히도 그와 같이 있는 시간은 예상보다 더 즐거웠다. 내가 하고 싶은 이야기가 문단으로 이어지는 모습을 보고 있으면 마음이 동동 움직였고 노트북을 덮고 나면 하루를 잘 보냈다는 개운함이 밀려왔다.

서로의 눈을 바라보듯 흰 종이를 바라보는 그 사이의 공간이 좋았다. 내가 바라보고 있는 한 그는 내 눈을 피하는 일이 없었고 항상 내 쪽으로 몸을 기울여 주었다. 어디까지 내려가든 네 옆에 있을 테고, 무엇을 말해도 이해할 수 있다는 마알간 얼굴을 손 끝으로 더듬는 일이 좋았다. 내가 새긴 흔적을 고이 간직한 채 이어지는 이야기를 기다리는 그에게 나는 조금씩 더 잘 이야기하고 싶어졌고. 그와 이야기하고 있으면 저 밑에서 서로의 생각이 맞닿는 끈끈함이 느껴졌다.

문단이 쌓이고 목자가 성해지면서 내 근황을 물어오는 이들에게도 나는 조금씩 말할 수 있게 되었다. '지금 글을 쓰고 있어요. 그리고 계속 이렇게 살아보고 싶어요.'라는 진심을. 사람들과의 만남에서 '하고 싶은 게 없어서 그저 지금의 일을 계속 할 수밖에 없다'는 이야기가 등장할 때마다 '사실 하고 싶은 게 있기는 한데…' 말을 흐리던 내가 적어도 이제는 계속 글을 쓰고 싶다고 말하고 있었다. 왠지 그럴 것 같았다는 반응이나 잘 어울린다는 격려에는 미소가 먼저 배어났다. 차마 좋아한다고 말도 못하던 상대와 잘 어울린다는 말에 나는 바보같이 깊은 위로를 받았다.

이따금 집에 전화를 할 때면 우리는 서로 '볼드모트'를 대하듯 '돌아와서 뭘 할 건지'에 대한 화제를 에둘러 얘기했다. 언젠가는 집에다가도 진심을 알려야 했지만 갑자기 회사를 그만두고 긴 여행을 떠나버린 딸에 대한 충격이 아물 때까지 시간을 좀 더 두기로 했다. 연애는 집에 늦게 알릴수록 좋은 것이었으므로. 후일에 대한 걱정과 당당하지 못한 딸이 되었다는 부채감이 매일 머리맡을 스쳐갔지만 결국 이 남자와 잘 지내는 모습을 보여 드리면 될 것이라고 애써 마음을 다잡았다.

영화 '마더 워터' 안에는 각각 카페, 두부 가게, 바, 목욕탕을 운영하는 이들이 커피를 팔아 두부를 사먹고, 두부를 팔아 한 잔의 술을 시키며 서로 두런두런 이야기를 나누는 일상이 흘러간다. 각자의 가게에 손님이 그들뿐이라 처음에는 저게 뭔가 하는 생각을 잠시 했었지만 나는 몇 번이고 그들의 평온한 일상을 바라보는 게 좋았다. 특히 마코토 할머니가 매일 스스로를 위한 저녁상을 차려 천천히 즐기는 모습을 보는 것이. 생각해보니 우리가 사는 사회도 크게 다르지 않은 듯했다. 그 안에 글을 파는 내가 있어도 이상할 것이 없었다. 여행을 하는 동안 입금 내역이라고는 취소, 환불된 카드 대금이 전부였고 책을 내야만 수입이 생길 수 있는 상황이었지만 한 권, 한 권의 책을 팔아 술을 마시고 영화를 보고 케이크를 먹을 수 있으면 그것으로 괜찮지 않을까 – 처음으로 그런 생각이 들었다. 글을 쓰고 마코토 상처럼 천천히 오롯한 저녁상을 마주할 수 있으면 또 다시 내일을 열어 갈 힘이 생기지 않을까. 한 권의 책을 내고 또 다시 한 권의 책을 낼 수 있다면. 그런 생활을 계속 이어갈 수만 있다면 나는 언제까지고 이 남자를 좋아할 수 있을 것 같다.

밸런타인데이를 앞두고는 초콜릿을 직접 만들기보다 맛있는 초콜릿을 고르던 나였지만 서툰 감이 있더라도 이번에는 직접 무언가를 만들어 보고 싶었다. 처음으로 인디자인 툴을 만지며 다양한 시행착오를 겪고 '이만하면 되었다'는 맛을 내기 위해 이전보다 더 심한 철야 근무를 이어 가는 동안, 가을이 지나고 환절기와 함께 감기가 찾아왔다. 그럼에도 신기하게, 일이 버겁다는 생각이 들지가 않았다. 내가 왜 잠을 못 자면서까지 이래야 하는 거지 - 싶은 생각이 조금도 들지 않는 생소한 새벽에, 나는 파리의 지붕색으로 밝아오는 하늘을 바라보며 이불을 폭 덮고 잠에 들었다. 그리고 부엌에 앉아 늦은 시각까지 작업을 이어가는 내 모습을 보면서 부모님은 차츰 책이 언제 나오느냐고 묻기 시작했다.

어느 색을 넣고 어떤 모양으로 찍어낼지, 리큐르는 어떤 걸 첨가할지, 카카오 함량은 어떻게 할지, 그리고 어느 상자에 넣어 어떤 식으로 포장을 할지를 구상하는 것만으로 초콜릿을 만드는 과정은 사는 것과는 다른 삼삼한 재미가 있었다. 삼삼한 진심이 담긴 초콜릿 상자를 그에게 전하는 상상만으로 마음이 두근거렸지만. 그때가 되면 비로소 나는 이야기할 수 있을 것이었다. '제 직업은 프리랜서 작가입니다'라고.

사랑받는 데에 익숙하지 않은

여행 중에 내가 어떤 사람인지 알지 못하면서도 내게 이유 없이 친절을 베풀어주는 이를 만났을 때 나는 크게 감동을 받곤 했다. 순수한 의미의 배려를 받는 느낌은 순간적이지만 깊은 안도감을 주었고 그들의 맑은 눈빛은 오래도록 기억에 남았다. 네가 무엇이든 괜찮아 - 라는 태도가 어쩌면 내가 타인에게서 가장 원하는 진심이었기 때문인지도 모른다.

칭찬이 좋아서, 주어진 것을 조금씩 해내던 어린이는 어느덧 '공부를 잘하는 아이'가 되어 있었다. 곧 그것만이 아이의 본질처럼 여겨졌다. 좋은 성적을 내면 크게 기뻐하고 그렇지 않을 때는 확연히 나빠지는 분위기 속에서 아이는, 오직 잘해야만 받아들여질 수 있으리라는 생각을 했다. 그 생각에, 아이는 조금씩 지쳐갔다. 높은 기대치를 충족시키지 못하면 부끄러운 아이가 되고 만다는 현실의 무게에. 시간이 지날수록 잘해야 하는 당위는 강해졌고 뒤로 물러설 자리는 좁아졌다. 사람들이 기대하는 모습은 사실 아이가 어떻게든 되고 싶은 상은 아니었지만 그를 위해 아이는 계속 애써야만 했다.

 어떤 것을 해내야만 나를 좋아해준다는 생각은 나도 모르는 사이에 타인에 대한 불안과 불신으로 이어졌던 것 같다. 회사에서 내게 살갑게 대해주는 동료들은 내가 회사를 그만둔다고 하면 나에게 등을 돌릴 것 같았고 상사들은 기다렸다는 듯이 그간의 불만을 비수처럼 던질 것 같았다. 집에서도 크게 혼이 나고 비난을 받을 것이 분명해 보였다. 거기에 그치지 않고 마음을 터놓고 얘기할 수 있었던 소수의 친구들조차 나를 다르게 대하면 어쩌지 생각하면 더럭 겁이 났다. 내가 하고 싶어하는 일을 가장 적극적으로 응원해주는 동생마저 내가 일을 그만두고 힘들어하면 '그러게 왜 그만뒀어?' 하고 나를 책망할 것도 같았다. 가장 가까운 사람들의 애정마저 불안해할 만큼 변호사 일을 하면서 사람들에게 받는 친절은 단단하게 느껴지지 않았다. 그들이 보는 내 모습이 진짜 내가 되고 싶은 모습, 그러니까 내가 생각하는 나의 본질은 아니었기 때문이다.

 해가 바뀌고 깁스를 한 채 사무실 안을 돌아다니면서 퇴사 의향을 밝혔을 때, 윗분들은 그간 고생이 많았다며 휴직을 제안해주셨고. 고민 끝에 거절 의사를 밝혔을 때에도 그간 고생시켜서 미안하다며 오랜만에 푹 쉬고 다시 변호사 일을 잘 해나갔으면 좋겠다는 따뜻한 말을 건네주셨다. '변호사 일에 잘 맞는 사람이라고 생각한다'는 말을 일을 그만두는 시점에 들으니 눈물이 흘렀다. 다른 회사 분들로부터도 많은 선물과 격려를 받았고 그분들이 눈물을 보이고 가면 자리에서 한참을 울었다. 내가 사람들의 진심을 그대로 받아들이지 못하고 나를 힘들게 하고 있었구나 뒤늦게 깨달음이 밀려왔다.

여행을 하는 동안에도 틈틈이 동료들과 반가운 연락을 주고받았다. 회사 밖에 있는 사람이 되고 나니 후배들은 내게 허심탄회하게 고민을 털어놓기도 하고 보고 싶다는 말을 전하기도 했다. 그이들의 진심을 일찍이 알았더라면 더 좋았을 테지만 이런 나와 친구가 되어준 그들의 마음이 그만큼 더 소중하게 다가왔다.

염려했던 것과 달리 주변의 많은 이들은 나의 새로운 출발을 격려해주었고 내게서 등을 돌리지 않았다. 그들은 내가 쓰고 있는 글을 궁금해하며 '내 책을 기다리고 있다'는, 언제 들어도 기쁜 응원을 해주었다. 출간을 재촉하며 부담을 주려는 건 아니라는 상냥한 말을 덧붙이면서. 조금 더 자신을 가지고 사람들을 대했더라면 괜한 걱정에 덜 사로잡혔으리라는 후회가 들었지만. 남이 아닌 내가 원하는 모습으로 살아갈 때

내 주변 사람들을, 그리고 나를 보다 강하게 믿을 수 있다는 사실을 아이는 조금씩 깨달아갔다.

동생은 이제 누나가 쓰고 싶은 글을 마음껏 쓰라면서 내가 불안해할 때마다 기운을 북돋워주었고 군대에 있는 종이와 통화할 수 있는 주말은 여행 중 가장 기다려지는 시간이 되었다. 그리고 종이가 일러준 대로 부모님은 내가 휴식기를 잘 보내고 돌아오기를 바라는 쪽으로 마음을 다잡으신 것 같았다. 볼드모트를 경계하는 전화에서도 부모님은 나의 결단에 크게 충격을 받았고 끝까지 그닥 탐탁스럽지는 않지만 내게 전환기가 필요하다는 데에는 충분히 동의한다는 뜻을 내비치셨다. 그것만으로 나는 처음으로 크게 이해받은 기분을 느꼈다. 내가 좋아하는 걸 해도 받아들여질 수 있다는 안온함을.

그렇다고 해서 사람에 대한 불안이 씻은 듯 사라질 수는 없었지만 그간 원치 않게 지고 있었던 부담을 내려놓으니 마음이 한결 홀가분했다. 삐죽삐죽 솟아나던 타인에 대한 원망과 미움도 내 상황에 대한 불만족이 누그러들자 그와 함께 스러져갔다. 뒤늦게 곁에 있는 사람들의 애정을 믿을 수 있게 되었고 이제서야 그들을 진심으로 사랑할 수 있을 것 같았다. 상처받을 일이 두려워 멀찍이 거리를 두거나 미리 마음을 접지 않고서. 나는 이제 사랑하는 이들의 기대치가 아니라 그들의 진심을 생각하면 되었다.

이번 여정에서 달라진 것이 있었다면. 나는 처음으로 이름 모를 이의 눈동자가 아닌, 내 모습을 알고서도 나를 받아들여 주는 이들의 따스한 말에 깊은 안도감을 얻었다. 사랑하는 이들에게 받은 진심을 가슴에 꼬옥 눌러 담고서 아이는 한 발 한 발 낯선 길을 걸어나갔다.

~~~ 여행 중에, 예전에 회사에서 몸 담았던 팀이 해체되었다는 소식을 전해 듣고 무척 놀랐던 기억이 있다. 사무실은 더 이상 종로에 남아있지 않고 함께 일했던 인연들은 새로운 자리에서 활발히 활동을 이어가고 있다.

사귀고 싶던 고양이, Mingo

 베를린으로 향하는 비행기 안에서, 이제 열흘 후면 드디어 서울로 돌아갈 수 있다는 감흥에 젖어드는 대신 나는 곧 만나게 될 집주인 S를 생각하고 있었다. 베를린의 집주인은 좋은 사람이어야 할 텐데-. 파리 에어비앤비 주인과의 문제가 아직 해결되지 않은 때였다.

 베를린에 도착한 후 에어비앤비를 찾아가는 길은 생각보다 험난했다. 지하철 역에서는 30kg에 달하는 트렁크를 들고 있는 힘껏 계단을 내려갔고(집에 와서 보니 또다시 무릎이 새빨개져 있었다) 환승을 하고 근처 역에 내렸지만 로터리 사이에 위치한 U Kottbusser Tor 역은 출구를 찾기가 애매했다. 일단 엘레베이터가 있는 출구로 나와 널따란 횡단보도 사이를 헤매며 겨우 방향을 잡고서 이제 됐다-는 마음으로 숙소를 찾아갔는데.

 현관에 있는 이름에 있어야 할 주인의 이름이 없었다. 두리번거리다가 '저, 이름이 없는데요' 하고 메시지를 보내니 '그럴 리가 없는데'라는 답이 온다. 딸을 내려보내겠다는 말대로 곧 그녀의 딸 M이 내려왔다. 알고 보니 대로변에 있는 입구로 접근했어야 하는데 먼저 등장한 다른 입구로 들어가 엉뚱한 건물 앞에서 서성인 셈이었다.

 둘이 쓰기에도 넓어 보이는 내 방은 열흘만 지내기에는 이 래저래 아쉬움이 많았다. 창가를 마주보고 놓인 널찍한 테이블은 의외로 높이가 잘 맞았고, 노랗게 물들어 가는 나뭇잎과 와르르 웃으며 지나가는 아이들을 바라보며 글을 쓰기에도 좋았다. 처음 와본 베를린 이곳저곳을 돌아다니느라 진득이 앉아있지는 못했지만 나는 이곳에서 오랜만에 글을 이었다.
 S, M과 함께 사용하는 화장실에는 커다란 욕조가 있었다. 파리 집주인에게 데인 후 매사에 조심하는 마음으로 혹시 저 욕조를 사용해도 괜찮은지 물어보자 S는 놀라며 '그럼 당연하지!'라고 답했다. 나의 우려와 달리 집주인 S는 친절하고 산뜻한 사람이었다. 한국의 분단 상황에 관심을 보이며 지금 이곳이 예전에는 서독이었다는 사실을 말해준 그녀는 가까운 한식당이라든지 쌀국수집을 알려주기도 하고, 근처에서 열리는 벼룩시장에 나를 데려가주기도 했다. 따로 떨어져서 카키색 아우터를 한 벌 구입하고 길가에 앉아 빠에야를 먹으려는데 누가 말을 걸어 흠칫 돌아보니 S와 M 모녀가 서있었다.

S는 내게 같이 집에 가겠느냐고 물어봐주었고 M은 구입한 점퍼를 펼쳐 보이며 메이드 인 코리아 제품이라고 씨익 웃었다. 빠에야를 막 먹기 시작한 터라 같이 돌아갈 수는 없었지만 누군가의 은은한 향수 냄새가 밴 아우터를 입을 때마다 나는 이 도시에 받아들여진 듯한 온기를 느꼈다.

그리고 이 집에는 두 마리의 고양이가 있었다. 4월에 요크에서 만난 타미 이후로 반년만의 고양이다. 처음 도착했을 때에는 모습을 드러내지 않았던 Mingo와 Minui는 저녁을 먹고 돌아오니 내가 마켓에서 사온 아침거리에 그토록 관심을 보였다. 아직 어린 미뉘는 사부작거리며 발톱으로 자꾸만 내 슬리퍼를 움켜쥐려고 해서 긴장의 끈을 늦출 수 없었지만 밍고는 여러모로 사뭇 달랐다. 척척척 다가와 동그란 머리를 다리에 부비며 내 곁에 머물렀지만 그러면서도 항상 일정한 거리를 유지했다. 그런 은근함이 좋았다. 나는 언젠가 밍고가 무릎 위에도 성큼 올라와 머물기를 바랐지만 미뉘가 올라오는 때에도 밍고는 가만히 곁에 있을 뿐이었다.

하루는, 닫을 때마다 소리가 나는 방문이 신경 쓰여서 문을 꼭 닫지 않고 화장실에 다녀오기로 했다. 설마 저들이 방문을 밀고 들어오지는 않겠지 – 생각하면서. 내가 화장실에 갈 때마다 어디선가 다다다다 뛰어와 화장실 앞에서 서성이던 둘이 보이지 않아 혹시나 하면서 방문을 밀어 보니, 의외로 밍고가 내 방에 들어와 있었다.

그는 내가 침대 옆에 펼쳐 놓은 트렁크 주변을 돌면서 조심조심 냄새를 맡고 있었다. 밍고의 등장은 반가웠지만 아무리 점잖은 밍고라도 방에서 나가지 않으려 든다면 큰일이라는 생각이 들었다. 방 안에는 밍고가 처음 보는 물건이 가득했고 나는 고양이를 양손으로 들어올리는 일에 여전히 서툴렀으므로. "밍고야 나가자. 나가자." 어르며 내보내려고 해도 밍고는 발톱으로 카펫을 움켜쥐며 나가지 않겠다는 의지를 보였다. 시선은 계속 트렁크에 둔 채로. 어떻게 할지 잠시 고민하던 두 손으로 그의 허리를 질질질질 잡아끄니 밍고는 두두두두 카펫을 긁다가 못 이기는 척 밖으로 나갔다.

다행히 호젓한 방을 사수하는 데에는 성공했지만 침대에 누워 잠들기 전까지 계속 밍고가 떠올랐다. 새로운 물건에 호기심이 가득한 상황에서도 점잖이 트렁크에 접근하고, 처음으로 내 방에 머물고 싶다는 의지를 보이던 그 모습이. 그가 없는 커다란 방 안에 이윽고 그를 괜히 일찍 쫓아냈다는 후회가 찾아들었다.

다음날 밍고는 내가 움직이는 기척을 듣고 다가와 내 주위를 빙그르르 돌았다. 미안함을 담아 머리에서 등을 어루만지고 사라락 꼬리를 스치자 밍고는 차분한 걸음걸이로 물을 마시러 부엌으로 향했다. 마침 부엌에서 커피를 마시고 있던 S가 보여 그녀에게 밍고는 정말 젠틀맨이라고. 밍고가 사람이었다면 분명 사랑에 빠졌을 것 같다고 말하니 S는 진지한 표정으로, "응. 나도 그럴 것 같아."라며 고개를 끄덕였다. 우리는 말없이 밍고의 뒷모습을 물끄러미 바라보았다.

여행은 내 타입의 사람 대신 내 타입의 고양이를 마지막 장소에 살포시 놓아 두었다. 그리고 그것은 밍고 같은 사람을 언젠가는 만날 수도 있을 거라는 격려처럼 들리기도 했다. 밍고처럼 내 속도에 맞춰 슬금슬금 접근해오는, 관심을 표하면서도 가만히 곁에 머물러주는 점잖은 이를. 밍고의 진지한 눈망울과 차분한 걸음걸이, 사려 깊은 성정은 내가 그토록 H에게서 바라던 것이었고. 그에게서 찾지 않았다면 더 좋았을 것들이었다.

서울에 돌아와 지난 여행지를 그리워하며 잠든 어느 날에. 잠에서 깨어보니 베를린의 방 안이었다. 익숙한 방 안, 덩그러니 놓인 침대 위에 내가 있었다. 화장실 생각에 잠이 깬 여느 때처럼 나는 조심스레 문을 열고 방 앞에 있는 화장실로 향했다. 옆 방에서 자고 있는 S가 잠에서 깨지 않길 바라면서. 그리고는 눈을 다 뜨지도 못한 채 변기에 앉아, 다시 방으로 돌아갈 때 고양이들이 따라 들어오려고 하면 곤란한데 - 그런 걱정을 했다. 어둑한 곳에서 빛나는 눈동자를 마주치기 전에 잽싸게 방문을 닫아야지 마음을 가다듬으면서 눈을 떠보니 나는 내 방 침대에 누워 있었다.

    손에 잡힐 듯한 생생함이 이윽고 아득하게 다가왔다. 밍고와 떨어진 이마만큼의 거리로. 내가 나오는 기척에 그가 다다다다 달려와서는 내가 잽싸지 못한 틈에 방 안으로 스르륵 들어왔으면 참 좋았을 텐데. 그렇게라도 한 번 더 너를 보았다면 정말 기뻤을 텐데. 아쉬움에 잠을 청해 보아도 다시 그 방에서 깨어나는 일은 일어나지 않았다. 점잖은 그를 만나는 일 역시 아직은.

Supree ~~ Berlin *10 days*

　베를린에 가보고 싶다는 마음이 생긴 건 '베를린은 마치 거대한 홍대 같아'라는 말을 들은 이후부터였다. 홍대 거리를 도시 전체로 확장해 놓은 느낌이라면 얼마나 자유분방한 멋이 있을까 - 품어온 기대를 안고 베를린에 도착했을 때. 맥주병과 쓰레기, 누런 나뭇잎이 쓸려 다니는 길거리와 낙서 반, 그라피티 반으로 채워져있는 벽을 보고 나는 조금 전에 떠나온 오스트리아를 생각했다. 연노랑빛의 깔끔하던 거리를.

　그다지 환하지 않은 조명 아래 어둑한 밤이 내리면 사람들은 커다란 개를 데리고 다니며 맥주를 마셨다. 아무래도 익숙한 맛이 필요했던 첫 날, 완탕을 먹고 돌아오는 길에 슈프레 강 위를 유유히 떠가는 백조 무리를 보게 되었고. 그때부터 조금씩 베를린에 대한 인상이 바뀌기 시작했다.

　노오랗게 물든 은행잎이 나폴나폴 떨어지는 사이로 샛노란 지하철과 트램이 지나다녔고, 밤에는 주홍빛 가로등이 노란 거리를 그윽이 물들였다. Berliner Philharmoniker는 화요일 점심마다 무료 음악회를 열어주었고, 차단기 없이 양심에 맡겨진

지하철 개찰구를 통과할 때면 왠지 모를 상쾌함이 느껴졌다. 베를린 골목마다 아시아와 중동, 유럽 요리를 파는 식당들이 콕콕 박혀있었고 온갖 허브 향으로 채워진 뜨끈한 쌀국수는 차가운 가을 공기를 데우기에 충분했다. 금요일 밤부터 맥주병을 아래로 내려 들고 트램에 오르는 사람들과, 주말 아침부터 벌건 얼굴로 술집에 앉아있는 사람들을 볼 때면 빙긋 웃음이 나왔고 그제서야 나는 거리에 굴러다니는 맥주병을 이해할 수 있었다.

유대인 추모비가 늘어선 시내 한복판에서는. 술을 마시는 젊은이들 뒤에서 연인들이 키스를 나눴고, 비석 사이를 뛰어다니는 아이들 곁에서 어머니는 아기에게 젖을 먹이고 있었다. 애써 부정하지 않는 과거 위에서 베를린 사람들은 그렇게 지금을 살아가고 있었다.

~~~ 수변, 열세 번째

그렇게 시작해서 이렇게 끝나는구나,
Bath와 Berlin의 Spa

베를린 근교의 어느 Spa에 가면 음악소리가 나오는 풀이 있는데, 그 풀장에 둥둥 떠서 음악을 듣고 있으면 참 기분이 좋아지더라고. 여행 팟캐스트 '손미나의 싹수다방' 첫 회에 출연한 이효리 이상순 부부가 이 얘기를 했을 때 나는 다이어리에 장소를 메모해 두었다. 풀장을 둥실 떠다니는 기분을 상상하면서.

베를린에서 1시간 20분 가량 기차를 타고 다시 10분 동안 버스를 타고 들어간 Bad Balzig라는 호젓한 마을에 그곳, SteinTherme가 있었다. 수영복과 목욕도구가 불룩하게 든 가방을 메고 그보다 더 부푼 마음으로 향한 Therme에서는 신기할 정도로 모두가 독일어로만 말을 했다. 영어로 열심히 물어도 독일어로 돌아오는 답변과 영어 표기라고는 전혀 없는 독

일어 안내 표지에 나는 하는 수 없이 온갖 눈치를 끌어모아야 했다.

  맨발로 한참을 찰박찰박 돌아다녀도 음악 소리가 나오는 풀장은 보이지 않았다. 그렇다고 그곳에 들어가지 못한 채 스파를 끝내면 이곳을 찾아온 의미가 없었다. 그때 저쪽 끄트머리에 'LichtKlangRaum'이라는 글자가 쓰여진 문이 보였다. 그런데 그 아래에 느낌표가 선명하게 박힌 문장이 덧붙여져 있었다. 'Absolute Ruhe!' 출입 금지라는 뜻인 건가 싶었지만 그래도 왠지 그 문을 열어봐야 할 것 같았다. 마침 한 할아버지가 문을 열고 안으로 들어갔다. 그 뒤를 따라 문 안쪽에 자리한 또 하나의 문을 열어젖히자 그곳에 유유히 음악이 흐르고 있었다.

  Licht는 당시 예상했던 대로 Light이었고 나중에 찾아본 Klang은 소리였다. 그러니까 그곳은 '빛과 소리의 방'이었다. -Absolute Ruhe!는 '절대 평안!'이었고-그 방 안에서 아치형으로 된 기다랗고 얇은 스폰지를 목 그리고 무릎 뒤에 끼고서 사람들은 둥둥 뜬 채로 휴식을 취하고 있었다. 내가 당시 팟캐스트를 들으며 상상했던 장면은 풀장 안에 스피커가 있어서 각 지점마다 다른 소리가 나는 그런 공간이었다. 그러나 실제로는 벽 귀퉁이에 명상 음악이 흘러나오는 스피커가 매달려있었고 중앙에서 물 위로 조명을 내리비추었다. 물 밖에 귀를 내놓고 있으면 음이 크게 들렸지만 졸졸졸 물 빠지는 소리가 함께 들렸다. 그러다 고개를 뒤로 젖히고 물속에 귀를 담그면 저 멀리서 은근한 음악소리가 들려왔다. 서서히 바뀌는 물빛 속에서 나는 마음을 내려두고 수면 위를 둥둥 떠다녔다. 주말 출근길에 들었던 그 장소에 둥실 떠있는 기쁨이 빛과 소리와 함께 풀장을 물들여갔다.

  3시간 안에 Bath와 Sauna 시설을 모두 이용하는 건 생각보다 빠듯했다. 물 속에서 놀다가 한 시간 가량을 남겨두고 사우나로 향했을 때 나는 뭔가 이상한 점을 발견했다. 사우나 안에 한 여자가 수건을 깔고 알몸으로 드러누워 있는 것이었다. 아무리 몸매에 자신이 있어도 그렇지 남자도 들어오는 사우나실에 저렇게 맨몸으로 누워있어도 되는 건가. 나는 그녀가 이상했고 그녀는 나를 보며 옅은 미소를 지었다.
  그리고 밖으로 나갔을 때 마침 지나가던 직원이 내게 다가와 뭐라 뭐라 한참 말을 했다. 역시 독일어였지만 맥락상 사우나에서는 수영복을 입으면 안되고 알몸에 가운을 입고 다니는 건 괜찮다는 얘기 같았다. 그러니까 이곳의 사우나는 수영장과 달리 뜻밖에도 혼탕 시설이었던 것이다. 그제서야 맨몸으로 돌아다니는 할배들이 눈에 들어왔다. 아 이걸 어떡하지. 난감함에 잠시 발길을 멈추었다. 그곳에 있던 유일한 동양인으로서 그들에게 맨몸을 보여주기가 왠지 더욱 불편했다.

야외에 있는 핀란드식 사우나에 들어갔을 때 사우나 안에 있는 네 명 남짓의 남녀들은 모두 맨몸으로 드러누워 있었다. 나는 혼자서만 가운을 입은 채로 그 더운 공간에 자리를 잡았다. 수영복을 입고 있으면 규율에 어긋나므로 가운을 입고 사우나에 있자니 영 답답하고 이상한 감이 있었다. 모두가 옷을 벗는 상황에서 옷을 입고 있는 게 이토록 튀는 일이었다니. 결국 사우나에서 몸을 덥히고 싶다는 마음과 혼자서만 꽁꽁 싸매고 있는 건 좀 아닌 것 같다는 생각이 거리낌의 막을 걷어냈다.

다시 실내로 들어왔을 때, 나는 가운 속에 입고 있던 수영복을 벗었다. 그리고 두 쌍의 커플이 있던 습식 사우나 안에서 처음으로 가운을 벗고 맨몸으로 열감을 느꼈다. 다시 가운을 입고 나와 맥주를 한 잔 마시며 앉아있다 보니 그 혼탕의 공간이 마치 여탕에 있는 것처럼 더 이상 어색하지 않았다. 사람의 몸은 저마다 참 아름다웠고, 그 사이에 있는 아담한 내 몸 역시 꽤 아름답게 보였다. 조금만 골격과 살집이 있어도 덩치니 떡대라는 말을 아무렇지 않게 붙이는 곳에서 30년을 넘게 살면서 한번도 내 몸이 그 자체로 예쁘다는 생각을 해본 적이 없었다. 여기는 더 가늘어야 할 것 같았고 여기는 더 도드라져야 할 것 같았다. 언제나. 그러나 오픈된 공간에서 맨몸으로 다니던 그 찰나의 시간 이후 처음으로 내 몸이 좋아지는 기분이 들었다. 예상치 못한 낯선 경험이었다.

마지막으로 다시 돌아간 빛과 소리의 방에서 두 다리를 휘저으며 물거품을 맞는 동안 자연스레 여행 초반에 찾았던 바스의 Thermae 생각이 났다. 3월 말이었고 여행을 시작한 지 일주일 정도가 지난 때였다. 루프탑에 있는 풀장 위로는 갈매기가 날아다녔고 그들은 이따금 지붕 위에 서서 물속을 떠다니는 우리를 이상한 듯 바라보았다. 쉬이 마음을 내려두지 못하고 물속을 저어 다니던 그때 나는 그런 생각을 했다. 이제 고작 일주일이 지났을 뿐인데 과연 앞으로 남은 30주를 혼자 잘 견뎌나갈 수 있을까. 눈 앞에 남아있는 30주의 시간은 무척이나 길고 거대한 벽처럼 막막하기도 한 것이었다.

어느덧 그 시간이 모두 흘러 그때의 나를 떠올리고 있는 지금. 그 시간들을 어떻게든 잘 보냈다는 뿌듯함과 더불어 흘러버린 시간에 대한 아쉬움이 물보라처럼 밀려들었다. Bath의 풀장 안에 있는 나와 지금 Bad Balzig의 풀에 누워있는 내가 데칼코마니의 양 끝처럼 서로를 마주본 채 둥둥 떠있었다. 처음으로 시도해 본 나의 기나긴 여정이, 그렇게 시작해서 이렇게 끝나가고 있었다.

그저 무사히 돌아오는 것만이 목표일 만큼 긴 시간 유럽에서 홀로 생활하는 것이 커다란 모험처럼 느껴지던 때가 있었다. 부러졌던 발목으로 그간 30Kg에 육박하는 트렁크와 10Kg는 족히 나갈 배낭을 짊어지고 다니며 어떻게든 낯선 곳에 마음을 붙이려 했고. 둘 곳 없는 마음과 스치는 시간이 무거워질 때면 물가를 찾아 흐르는 물살에 사념을 흘려보냈다. 그리고 이제 마지막 여정인 베를린에 이르러 나는 오랜 시간 품어온 물 위에서 은은한 빛과 소리를 맞으며 누워 있었다. 그러니 아무리 아쉬워도 이것으로 이번 여정은 충분하다는 생각이 들었다. 이것으로 되었다고.

제주의 정류장처럼 사위가 캄캄한 버스 정류장에서 한 시간에 한 대 오는 버스를 기다리는 동안 내 볼은 바스의 Thermae를 나왔을 때처럼 바알갛게 달아올라 있었다. 곧 저 멀리서 581번 버스의 노란 불빛이 반짝-하고 눈에 들어왔다.

Epilogue

앞으로의 여정

2018. 8.에 긴 여행을 모두 마치고 돌아온-독일에서 돌아온 후 나는 다시 일본에 머물렀다-서울에는 오랜 시간 나를 기다려 온 물음이 있었다. 보고 싶었던 얼굴들은 하나같이 내게 그 물음을 꺼내었다.
"그래서 앞으로는 어떻게 할 거야?"
당분간은 계속 글을 쓰고 싶어요 - 웃으며 진심을 이야기했지만 다시금 물음이 이어졌다.
"그러면 일은 언제 할 생각인데?"
물음에 담긴 걱정스런 얼굴과 조심스러운 말소리가 마음속에 켜켜이 내려앉았다.

집에서의 반응은 물음에 그치지 않았다. '넌 지금까지 충분히 할 만큼 했다고 생각한다'고 이해를 받은 날도 있었지만 '다시 원래의 일로 돌아가지 않을 거면 이 집에서 나가라'

는 가시 돋친 말을 듣는 날도 있었다. 그 말이 계속되는 날이면 침대에 힘없이 누워 예전에도 서울에서 이방인의 기분을 느끼는 때가 있었음을 가만히 생각했다. 아무것도 할 수 없는 날들이 흘러갔다.

새해가 오는 것이 두려웠던 2018년 연말에도 끝내 이력서 창을 띄울 마음은 들지 않았다. 원래 하던 일을 어떻게든 할 수는 있을 것 같았지만 다시 예전으로 돌아간 내 모습이 잘 그려지지가 않았다. 출근 첫날부터 그림자의 질문을 마주할 것이 분명했고 변호사 일을 하면서는 글을 쓸 수 없다는 것을 나는 잘 알고 있었다. 내가 병행에 능한 사람이 아니라는 것을. 틈만 나면 무언가를 써보려고 애쓰다가 이내 수첩을 덮고 일어났던 시간들이 떠올랐다.
다시 그때로 돌아갈 수는 없었다.

어렵게 잡은 그의 손을 쉽사리 놓지 않는 것, 그리고 비로소 시작된 나의 여정을 서둘러 마무리 짓지 않는 것. 그것이 내가 걸어가야 할 길이라는 결론이 2019년 새해와 함께 밝아왔다. 일을 그만두고 나서도 마음을 정리하는 데에 다시 2년이라는 시간이 걸렸지만 내게 없는 것을 생각하는 대신 하고 싶고, 할 수 있는 일에 집중하는 시간 속에서 그간의 불안이 조금씩 잦아드는 것을 느꼈다.

그리고 글을 이어가는 앞으로의 여정을 위해 1인 출판사를 꾸려 가기로 마음을 먹었다. 내가 쓰고 싶은 글과 누군가가 쓰고 싶은 글을 담을 수 있는 공간을 만들어 보기로. 출판사 이름은 무엇으로 하는 게 좋을지 한참을 고민하던 중에 문득, 늦은 귀가 후에 하고 싶은 걸 하나라도 하던 시간들이 떠올랐다. 온전히 마음을 내려두고 나로 돌아가던 시간들이. 사랑하는 이와 함께 있다가도 혼자만의 공간에서 마음을 고르는 시간이 필요하듯, 하고픈 일을 하고 있는 지금에도 하루의 글을 마치고 자기 전까지 하고 싶은 걸 하는 시간은 여전히 소중하다. 1시간이라도, 30분 만이라도 침대맡에 있는 책을 펴들고 영화를 보고, 친구와 이야기를 나누며 하루를 마무리하는 밤시간이. 그 시간을 생각하며 '하하밤'으로 이름을 정했다. 많은 이들이 하고 싶은 걸 하는 밤을 보낼 수 있기를, 그리고 그 시간에 살포시 하하밤이 깃들 수 있기를 바라면서.

한강이 흐르는 도시, 서울에서 생각보다 오래 '비로소 나의 여정'을 붙들고 있었지만 그 시간은 휭-하고 불어오는 바람과 입술을 스치는 맥주의 살결, 빙긋이 피어나는 미소와 파고드는 고양이의 숨결을 다시금 가까이에서 느끼는 시간들이었다. 그 시간을 차곡히 담아 드디어 이 글을 내놓을 수 있어서 이번 연말에는 설레는 마음으로 2020년을 맞이할 수 있을 듯싶다.

이 모든 것이 이 글을 기다려주신 고마운 분들 덕분임을 영원히 기억하고 싶다. 한결같이 이 글에 따뜻한 관심을 보여주신 모든 분들과 지금까지 저의 여정에 나란히 머물러주신 당신께 머리 숙여 깊은 감사를 전하며.

2019. 12. 깊어가는 겨울밤, 부엌에서

비로소 나의 여정

— 세 계절의 런던 · 파리 여정 에세이

초판 1쇄 발행 2020년 1월 15일
초판 3쇄 발행 2021년 2월 24일
지은이 · 사진 · 편집 문여정
디자인 June in Winter
펴낸곳 하하밤
📷 🐦 @hahabalm
✉ have.a.hahabalm@gmail.com
팩스 02-6499-7177

ⓒ 문여정 2020
ISBN 979-11-969230-0-6 03810

이 책은 저작권법에 의하여 보호받는 저작물로 무단 전재 및 복제를 금합니다.
잘못 만들어진 책은 구입하신 곳에서 교환해 드립니다.

이 책은 직지소프트에서 지원받은 SM3신신명조, 중명조, 태고딕(본문),
SM견출고딕, 중고딕(표지) 서체를 사용하여 작성되었습니다.

이 도서의 국립중앙도서관 출판예정도서목록(CIP)은 서지정보유통지원시스템
홈페이지(http://seoji.nl.go.kr)와 국가자료종합목록 구축시스템(http://kolis-net.nl.go.kr)
에서 이용하실 수 있습니다. (CIP제어번호 : CIP2020000168)